W0382007

Zum Geleit

Wie enn?

Ich war anders als all die anderen. Von Geburt an, sozusagen. Ich war nicht Fisch, ich war nicht Fleisch.
Ich war eine Bohne.
Ich, ein gebürtiger Erfurter, habe einen Gutteil meiner Kindheit auf einem nahe gelegenen Dorf verbracht, bei den Großeltern. Solange ich mich erinnern kann, nannte man mich dort die Puffbohne.
Es waren nicht meine Freunde, die das sagten, sondern deren Eltern. Ich wusste anfangs nicht, was dieses Wort Puffbohne überhaupt bedeutet. Eigentlich hat es mich auch nicht interessiert.
Einige Jahre später, ich wähnte mich aufgeklärt, begann ich plötzlich Gefallen an meinem Spitznamen zu finden. Puff und Bohne, das klang irgendwie jugendfrei. Meine Oma dagegen, sie war ob meiner Interpretation entsetzt. Junge!
Ihr Aufschrei war wie Musik in meinen Ohren …

Das ist jetzt gut und gerne 40 Jahre her. In all diesen Jahren hat sich meine Heimatstadt merklich verändert – und doch ist sich Erfurt in einem treu geblieben. Die Stadt hat wie eh und je genau die richtige Größe. Sie ist klein genug, dass man sich in ihr bestens auszukennen glaubt. Und sie ist groß genug, dass man selbst als Alteingesessener immer noch Neues zu entdecken vermag.

Dieses Buch lädt dazu ein, voller Neugierde durch das uns ach so vertraute Erfurt zu wandeln. Es möchte Aha-Momente bescheren, ohne ein Lexikon zu sein. Es möchte unterhalten, ohne die Intelligenz seiner Leser zu beleidigen. Es möchte den Stolz wecken, in einer der lebenswertesten Städte Deutschlands zu wohnen, ohne dabei an Selbstüberschätzung zu leiden.
„Wie enn?“, heißt es auf Erfurtsch. Wie geht's?
Gut natürlich. Die traditionelle Antwort auf diese Frage lautet ganz anders. Welche das ist, auch dies verrät „Erfurt für Klugscheißer“.

Mirko Krüger

Der Anger gilt als die gute Stube der Stadt.
Foto: Alexander Volkmann

Populärer Irrtum

Erfurt ist eine Stadt im Osten Deutschlands

Erfurt gehört zu Ostdeutschland. Dieser Satz geht nicht nur Westdeutschen wie selbstverständlich von der Zunge. Auch viele Erfurter werden ihn unterschreiben. Doch die Realität ist eine andere: Im Vergleich zu München liegt Erfurt sogar im Westen.

Thüringen – das grüne Herz Deutschlands! Der Slogan ist allbekannt. Doch er hinterlässt Fragen. Wo schlägt eigentlich ein Herz? Links, wie Oskar Lafontaine zu sagen pflegt? Oder rechts, wie man nach einem oberflächlichen Blick auf eine Deutschland-Karte meinen könnte?

Links und rechts. Benennungen wie diese können Geographielehrer zur Verzweiflung bringen. Links meint – zumindest auf einer eingenordeten Karte – immer den Westen, rechts meint den Osten. Dass dies die Begriffswelten des Kalten Krieges umkehrt, vermag Ost- wie Westdeutschen zwar gleichermaßen ein Lächeln auf die Lippen zu zaubern. Aber all das Polemisieren führt in der Sache nicht weiter: Wo liegt Thüringen im Allgemeinen, wo seine Landeshauptstadt im Speziellen?

Der Erfurter Domplatz liegt auf dem Längengrad 11 Grad, 01 Minuten und 30 Sekunden. Man kann dies einen nüchternen Fakt nennen. Oder vielleicht auch einen ernüchternden Fakt, sofern man zum Beispiel aus München stammt. Denn die bayerische Metropole hat Koordinaten von 11 Grad, 34 Minuten und 21 Sekunden. Zu gut deutsch: Die bayerische Landeshauptstadt liegt östlich von Erfurt.

Wir Erfurter wissen freilich, dass unsere Stadt zu vielen taugen mag, aber nicht für aufgesetzte Ost-West-Debatten. Schließlich liegt Erfurt in Wahrheit einfach nur in der Mitte Deutschlands. Besser geht's nimmer.

MIRKO KRÜGER

Erfurt für Klugscheißer

Populäre Irrtümer und andere Wahrheiten

KLARTEXT

Impressum

1. Auflage Juni 2018

Layout, Satz:
Volker Pecher, Essen

Umschlaggestaltung:
Ina Zimmermann

Druck/Bindung:
Multiprint GmbH, Kostinbrod 2230,
Slavianska Str. 10 A, Bulgarien

KLARTEXT

Klartext Verlag, Essen
Jakob Funke Medien
Beteiligungs GmbH & Co. KG
Friedrichstraße 34–38
45128 Essen
info@klartext-verlag.de
www.klartext-verlag.de

ISBN 978-3-8375-1985-3

Bibliografische Information der Deutschen Bibliothek
Die Deutsche Nationalbibliothek verzeichnet diese Publikation
in der Deutschen Nationalbibliografie; detaillierte
bibliografische Daten sind im Internet über http://dnb.dnb.de abrufbar.

Inhalt

Der Autor

Foto: Sascha Fromm

Erfurt ist der Lebensmittelpunkt von Mirko Krüger. Hier wurde er geboren. Hier wohnt er mit seiner Familie. Hier arbeitet er als Journalist der Tageszeitung „Thüringer Allgemeine"; einige Jahre leitete er deren Erfurter Lokalredaktion. Krüger ist Autor und Herausgeber zahlreicher Thüringen-Bücher.

TA

Der Schnellvergleich

	Erfurt	**München**
Ortsname mundartlich	Ärford	Minga
Landeshauptstadt	Ja	Ja
Traditioneller Gruß	Wie enn?	Grüß Gott!
Jahr der Ersterwähnung	742	1158
Einwohner	213.354	1.526.056
Naherholungsgebiet	Steiger	Englischer Garten
Fluss	Gera	Isar
Größtes Volksfest	Weihnachtsmarkt, 2 Millionen Besucher	Oktoberfest, 6 Millionen Besucher
Leibspeise	Bratwurst	Weißwurst
Brauereien	Keine mehr. Braugold-Bier wird auswärts gebraut.	Augustiner, Hacker Pschorr, Hofbräu, Löwenbräu, Paulaner, Spaten
Traditionslokale	Hohe Lilie, Bachstelze, Café Rommel	Hofbräuhaus, Ratskeller, Biergarten am Nockherberg
Flughafen	300.000 Passagiere	40 Millionen Passagiere
Fußball	FC Rot-Weiß, viertklassig	FC Bayern, erstklassig
Schwarze Stunde	2002, Amoklauf am Gutenberg-Gymnasium mit 17 Toten	1972, Olympia-Attentat mit 17 Toten 1980, Oktoberfest-Attentat mit 13 Toten

Aha

Wir sind Erfurt

44,2

Jahre beträgt das Durchschnittsalter der Erfurter.

791

Einwohner wohnen durchschnittlich auf einem Quadratkilometer. Dies ist einer der niedrigsten Werte unter allen deutschen Großstädten.

16.451

Ausländer leben in Erfurt. Damit verzeichnet Erfurt einen Ausländeranteil von 7,7 Prozent.

213.354

Menschen hatten zu Beginn des Jahres 2018 ihren Hauptwohnsitz in Erfurt. Es gibt rund 5.000 mehr weibliche als männliche Einwohner. Den Höchststand der Bevölkerung erlebte Erfurt im Jahre 1989 mit mehr als 220.000 Einwohnern. Bis 2002 sank die Zahl auf unter 197.000, seitdem stieg sie wieder kontinuierlich an.

Aha

Unsere Kinder

Wenn Erfurterinnen ihr erstes Kind bekommen, sind sie durchschnittlich 28 Jahre alt. Stellt sich ein zweites Kind ein, sind die Mütter statistisch gesehen drei Jahre älter geworden.
Jährlich kommen in Erfurt rund 2.000 Babys zur Welt. Die beliebtesten Vornamen im letzten Jahrzehnt waren Hannah und Paul. Im Jahr 2016 entschieden sich Eltern am häufigsten für diese Namen:

Jungen	**25**	**Karl**
	18	**Moritz**
	je 16	**Emil, Luca, Oskar, Paul**
	je 15	**Felix, Lucas**
	14	**Finn**
	je 13	**Alexander, Henry, Jonas**
Mädchen	**21**	**Hannah**
	20	**Mia**
	je 17	**Charlotte, Ella**
	je 16	**Anna, Frida, Ida**
	je 15	**Emma, Mathilda, Sophia**
	14	**Emily**

Aha

Die Puffbohne und der Serienmörder

Die Erfurter verdanken einem Gemüse ihren Spitznamen, der Puffbohne. Diese Bohnen gediehen einst auf den Feldern rund um Erfurt besonders gut; das war gerade für ärmere Leute wichtig. Zu Zeiten, da es hierzulande noch keine Kartoffeln gab, gehörten Puffbohnen zu den Hauptnahrungsmitteln. Sie waren nährstoffreich und preiswert zugleich.

Puffbohnen kommen in Erfurter Familien nur noch selten auf den Tisch. Zumindest Gourmets haben die Bohnen wieder neu für sich entdeckt. Es gibt raffinierte Rezepte, etwa als Salat oder als mediterran abgeschmeckte Vorspeise, als Suppe sowie als deftige Gemüse-Begleitung zu einer gegarten Knackwurst. Man isst stets nur die Kerne, nicht aber die faserigen Hülsen.

Puffbohnen sind unter verschiedenen Namen bekannt, etwa als Ackerbohne, Sau- und Pferdebohne sowie als Favabohne. Unter letztgenanntem Namen kommt die Puffbohne auch im Thriller „Das Schweigen der Lämmer vor". Der Serienmörder Hannibal Lecter (Anthony Hopkins) gesteht einer FBI-Anwärterin (Jodie Foster), Favabohnen gemeinsam mit den Innereien eines seiner Opfer verspeist zu haben. Der Film gewann Oscars in den fünf wichtigsten Kategorien dieses Preises: Bester Film, Beste Regie, Bestes Drehbuch sowie Bester Hauptdarsteller und Beste Hauptdarstellerin.

Populärer Irrtum

Erfurt besteht seit dem Jahr 742

Im Jahre 742 schrieb der Missionar Bonifatius einen Brief an Papst Zacharias. Er teilte mit, dass er in Erphesfurt ein Bistum errichtet hätte. Der Brief ist verschollen. Die älteste erhaltene Abschrift entstand um 790. Dennoch gilt den Erfurtern 742 als Jahr ihrer Ersterwähnung.

Bonifatius und Erfurt, das ist seit eh und je eine Geschichte voller Irrungen und Wirrungen. Dies betrifft sogar einen legendären Moment in Bonifatius' Leben. Rund 1300 Jahre ist es her, da soll der englische Missionar in den Steigerwald gewandert sein. Während in der Stadt der geistliche Adel der Unzucht und der Habgier frönte, schickte sich der Priester an, mal eben die Heiden zu bekehren. Statt zur Heiligen Schrift griff er zur Axt. Rrrrrrrumms!

Kaum fiel die den Germanen ach so heilige Eiche, war auch schon der Beweis erbracht, wessen Gott der Stärkere ist. Kein Thor und kein Wotan zürnten oder schickten Blitze vom Himmel. Stattdessen lächelte die Sonne milde herab.

So erzählt es die Sage, so überliefert es ein Wandbild im Erfurter Rathaus. Doch dies sind, um einen neuzeitlichen Begriff zu gebrauchen, leider nur Fake-News. Erfundene Nachrichten, also.

Eine heilige Eiche hatte Bonifatius tatsächlich fällen lassen; dies geschah indes nahe dem heutigen Geismar in Nordhessen. Im Dezember 724 zog Bonifatius nach Thüringen. Obwohl Erfurt schon damals der Hauptort war, gelang es ihm nicht, hier Fuß zu fassen. Bonifatius baute zwar eine Kapelle auf dem Domberg, er errichtete seine Zentrale aber auf dem Land. In Ohrdruf gründete er ein Kloster. Hier scharte der Missionar vor allem Getreue aus Angelsachsen um sich.

In der Metropole Erfurt hatten mehrere Gegenspieler das Sagen. Da war zum einen der fränkische Adel nebst der von ihm eingesetzten Geistlichen. Sie lebten nicht für die Kirche, sondern von der Kirche. Es seien dem Wucher frönende Geistliche, hielt Bonifatius fest. Sie würden huren, Reichtümer anhäufen, zur Jagd gehen und Menschenblut von Heiden und von Christen vergießen.

Zum anderen existierte vermutlich bereits seit 706 ein Kloster auf dem Petersberg. Zwar wurde dessen Gründungsurkunde im 12. Jahrhundert gefälscht, doch wissenschaftliche Studien erhärten, dass es das Kloster trotzdem gegeben hatte.
Immer wieder klagte Bonifatius über das lasterhafte Leben der Geistlichen. Er traf auf Bischöfe und Priester des Frankenvolkes, die Ehebrecher und schlimmste Hurer gewesen sind. Manch Diakone, so geißelte er, haben vier oder fünf oder noch mehr Beischläferinnen im Bett. Nicht minder empörte ihn, dass heilige Nonnen und gottesgeweihte Jungfrauen den Wollüstigen zum Opfer fielen.
Rund 150 Briefe von und an Bonifatius sind erhalten geblieben. Dazu gehört die Korrespondenz mit vier Päpsten. Diese Dokumente erzählen viel von den Sorgen und Nöten des Missionars, aber auch von seinen Hoffnungen und Plänen. Konkrete Ortsangaben und Daten sind in den Dokumenten jedoch rar.
Der aus Erfurter Sicht bedeutsamste Brief stammt von 742; er ist an Papst Zacharias gerichtet. Bonifatius berichtet, er habe in Erfurt ein Bistum gegründet. Die Stadt bezeichnet er als „iam olim urbs paganorum rusticorum"– als einstige Burg heidnischer Bauern. In der jüngeren Forschung wird diskutiert, ob die Übersetzung von „urbs" mit Burg überzogen sein könnte. Eventuell sei auch nur ein großer und wehrhafter Ort gemeint.
Wie auch immer: Die älteste bekannte Erwähnung Erfurts hält unzweifelhaft fest, dass die Stadt nicht erst anno 742 gegründet worden ist. Sie hat schon vorher bestanden.

Bonifatius fällt eine Eiche im Erfurter Steiger.
So stellt es ein vor rund 140 Jahren entstandenes Wandbild von Peter Janssen im Rathaus dar.
Foto: Sascha Fromm

Populärer Irrtum

Fred Feuerstein war kein Erfurter

Sie misst nur 6,4 Zentimeter in der Länge, ist blaugrau und fleckig und deshalb leicht zu übersehen. Dennoch handelt es sich bei dieser Feuerstein-Spitze aus der Sammlung des Stadtmuseums um ein sensationelles Stück. Sie ist der älteste bekannte Nachweis für menschliches Leben in Erfurt.

Die Gegend des heutigen Erfurt, vor wenigstens 30.000 Jahren. Ein Mensch hockt vor einem steinernen Amboss, er legt einen Feuerstein darauf und hämmert mit einem zweiten Stein auf dessen Ränder. Meterweit fliegen Splitter umher. Immer mal wieder fährt der Handwerker prüfend mit dem Daumen über die entstehende Kante. Dann, keine halbe Stunde ist vergangen, ist er fertig. Zufrieden zeigt er das neue, scharfe Messer den Seinen vor.

So oder doch zumindest so ähnlich könnte sich die Herstellung jener sogenannten Feuerstein-Handspitze abgespielt haben, die als ältestes bekanntes Zeugnis menschlicher Kultur in Erfurt gilt. Doch wirklich Genaueres über den kunstfertig behauenen Stein weiß man nicht. Um ihn ranken sich Rätsel über Rätsel. Das größte gibt bereits die Altersbestimmung auf. Der Flintstein wurde irgendwann zwischen der Eem-Warmzeit und dem Ende der letzten Eiszeit bearbeitet. Damit ist denkbar, dass sich Fred Feuerstein mit dem Dolch bereits vor 125.000 Jahren leckere Steaks vom Waldelefanten mundgerecht zersäbelt hat. Dann müsste es sich bei ihm um einen Neandertaler oder einen archaischen Homo sapiens gehandelt haben. Möglich ist aber auch, dass das Messer erst vor 30.000 Jahren entstand, und zwar in den Händen eines modernen Menschen.
Selbst die genaueren Umstände der Entdeckung des Feuersteingeräts verlieren sich im Dunkel der Geschichte. In einem wissenschaftlichen Aufsatz aus dem Jahre 1943 heißt es lapidar, dass der Fund vor einer Reihe von Jahren dem Museum übergeben worden sei. Fest steht laut dem Inventarbuch des Stadtmuseums, dass der Feuerstein in einer Kiesgrube westlich des heutigen Zoos zu Tage getreten ist. Und noch eines gilt als gewiss. Die Handspitze ist nicht wie die Abermillionen anderen Steine der Kiesgruben durch Wasserkraft hierher transportiert worden. Dazu ist ihr Zustand einfach zu gut. Wäre die Klinge im Geröll bewegt worden, müssten ihre Kanten rund und glatt geschliffen sein. Das aber ist nicht der Fall. Das Werkzeug stammt damit unzweifelhaft aus dem Gebiet des heutigen Erfurt. Noch gelang es nicht, hier auch einen Lagerplatz altsteinzeitlicher Ahnen nachzuweisen. Dass sie hier gelebt und gejagt haben, liegt jedoch angesichts weltweit beachteter Funde im Umland nahe. So hatte in Bilzingsleben (Landkreis Sömmerda) bereits vor 370.000 Jahren der Homo erectus gelebt, während in Ehringsdorf (Weimar) vor 200.000 Jahren der archaische Homo sapiens zur Jagd ging.

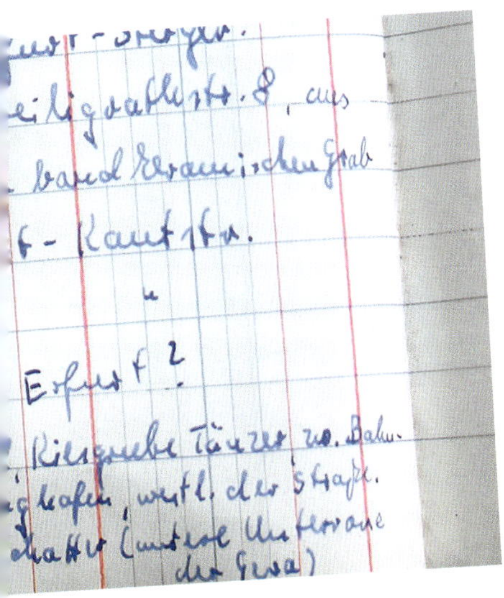

Diese Feuerstein-Spitze könnte von einem archaischen Homo sapiens stammen, sozusagen vom Urururur … opa der heutigen Erfurter. Der Stein liegt hier auf dem Inventar-Eintrag des Stadtmuseums.
Foto: Mirko Krüger

Aha

Erfurt vor 7000 Jahren

Da, wo sich am nördlichen Stadtrand von Erfurt die Bundesstraße 4 und die Autobahn 71 kreuzen, befand sich vor rund 7.000 Jahren eine Siedlung. Wenigstens 20 Häuser standen hier, die größten waren bis zu 35 Meter lang. Dieser Weiler ist der älteste bekannte Nachweis für eine Besiedelung im heutigen Stadtgebiet.
Entdeckt wurden die Häuser im Zuge des Autobahnbaus von Erfurt nach Sömmerda.
Entlang des Baufeldes führte das Landesamt für Denkmalpflege und Archäologie ab dem Jahr 2000 routinemäßig Grabungen durch. In dem bei Gispersleben großflächig abgezogenen Boden waren rechteckige Grundrisse von Wohnbauten gut zu erkennen. Die Häuser stützten sich auf Eichen-Pfosten, die ins Erdreich eingegraben worden sind. Deren Überreste haben in Form von dunklen sowie in die Tiefe reichenden Verfärbungen im helleren Löss die Zeiten überdauert. Die tragenden Pfosten waren demnach bis zu einem halben Meter stark, die einfacheren Wandpfosten dick wie ein Oberarm.
In jedem dieser Häuser lebte vermutlich eine Großfamilie nebst dem lieben Vieh. Auch die genaue Hausaufteilung lässt sich nachvollziehen. Da wo einst die Tiere standen, ist die Phosphatkonzentration (Urin) im Boden noch immer besonders hoch.
Der Materialverbrauch für jedes dieser Gebäude war immens. Mehrere Eichen galt es mit Steinbeilen zu fällen, etwa 100 Pfosten zu bearbeiten. Dachlatten von 800 Meter Länge waren zu schneiden, mehrere Hektar Schilf oder Stroh für die Deckung zu ernten. Schließlich wurden noch die aus Flechtwerk bestehenden Wände mit Lehm verschmiert – etwa 65 Kubikmeter pro Haus. Die Pampe entnahmen die Bauherren kleineren Gruben, die sie

Diese junge Frau wurde innerhalb des Weilers bestattet. Sie ruht in der für die Jungsteinzeit typischen Hockstellung.
Foto: Roland Obst

nur wenige Schritte von den Baustellen entfernt aushoben und die sie danach als Abfalllöcher nutzten. Tierkadaver und Essensreste flogen hier ebenso hinein wie defekte Töpferware.
Diese Scherben und Gefäße geben den Archäologen einen wichtigen Schlüssel in die Hand. Ihre linien- und bandförmigen Verzierungen stimmen auffällig mit denen anderer Funde in Mitteldeutschland überein. In der Fachwelt spricht man vom so genannten Kulturkreis der Bandkeramiker. Diese Kultur breitete sich vom südöstlichen Europa kommend bis an den Rhein aus.

Populärer Irrtum

Erfurt ist eine Stadt

Erfurt ist, was andere Städte in Thüringen nicht sind. Erfurt ist Landeshauptstadt. Doch wer dies im engeren Sinne auslegt, erliegt einem weithin verbreiteten Klischee. Städtisch wirkt Erfurt allein in der sogenannten Kernstadt. Jenseits von Anger, Domberg und den sie umgebenden Wohnvierteln wird das Antlitz Erfurts vor allem von Dörfern geprägt.

Vor mehr als fünf Jahrhunderten waren die Reviere noch klar verteilt. Wer etwas auf sich hielt, lebte in Erfurt. Die umliegenden Dörfer waren zumeist nur dazu da, die Stadt zu nähren. Prompt bekamen einige Gemeinden ihren Spitznamen weg. Sie galten als Küchendörfer.
Rund 100 Orte umfasste das von Erfurt verwaltete Gebiet im 15. Jahrhundert. Es waren jene Jahre, da das Indigo noch nicht von Seefahrern nach Europa gebracht wurde und Erfurt gerade deshalb prosperierte, da man rund um die Stadt großflächig Waid anbaute.
Heutzutage sind die Rollen nicht minder klar verteilt – nämlich genau umgekehrt. Etwa jeder fünfte Landeshauptstädter wohnt in einem der zur Stadt gehörenden Dörfer. Die Dörfler wiederum ernähren sich vor allem von dem, was die Märkte der Stadt hergeben. Und das, obwohl 165 Quadratkilometer der Erfurter Gesamtfläche (270 qkm) als landwirtschaftliche Nutzfläche ausgewiesen sind.
Apropos Statistik. 53 Stadtteile gehören zu Erfurt. Darunter sind immerhin 40 Dörfer.

Die 53 Erfurter Stadtteile

Allerdings sind einige längst mit der Stadt verschmolzen, etwa Daberstedt, Melchendorf und Ilversgehofen. Das industriell geprägte Hohenwinden fiel sogar schon im Mittelalter wüst.

Schade nur, dass auf den ersten Blick lediglich die Ortseingangsschilder von der Zugehörigkeit der Dörfer zu Erfurt künden. Zumindest das war im 15. Jahrhundert noch anders. Seinerzeit gelang es zumindest vier Dörfern (Kapellendorf, Vippach, Vieselbach und Vargula), mit ihren Wappen ins Stadtwappen aufgenommen zu werden.

Aha

Arbeiten in Erfurt

30 von 1.000 Erfurtern sind in der Industrie beschäftigt. Dies ist im Vergleich aller Thüringer Landkreise und kreisfreien Städte der niedrigste Wert. Der Landesdurchschnitt liegt bei 79 Beschäftigten je 1.000 Einwohnern.

73 Industriebetriebe haben mindestens 20 Beschäftigte.

28 Industriebetriebe haben mindestens 50 Beschäftigte.

195.589 Euro je Beschäftigten setzten diese 28 größten Betriebe im Jahr 2017 um.

48.575 Auswärtige pendeln täglich zur Arbeit nach Erfurt.

21.920 Erfurter arbeiten außerhalb der Stadt.

20.000 Erfurter leben von Arbeitslosengeld II bzw. von Sozialgeld.

Wohnen in Erfurt

Erfurt ist von drei Siedlungsstrukturen geprägt. Dies sind städtische Wohnquartiere, Plattenbau-Gebiete und dörfliche Siedlungen.
Die meisten Häuser sind Einfamilienhäuser. Ihr Anteil liegt bei 62 Prozent.
Allerdings befinden sich in Mehrfamilienhäusern und Plattenbauten rund 83 Prozent aller Erfurter Wohnungen.

116.023 Wohnungen gibt es in der Stadt.

140 Baugenehmigungen für Einfamilienhäuser wurden im Jahr 2017 erteilt. Außerdem wurde der Bau von 227 Wohnungen in Mehrfamilienhäusern genehmigt.

Ein Tag in Erfurt

Was Tag für Tag passiert … (Durchschnittswerte)

2 bis 3 Personen verletzen sich bei Verkehrsunfällen.
4 bis 5 Gewerbe werden neu angemeldet.
4 bis 5 Gewerbe werden abgemeldet.
6 Babys kommen auf die Welt.
6 bis 7 Erfurter sterben.
10 Bürger melden sich in der Stadt- und Regionalbibliothek als neue Nutzer an.
18 Verkehrsunfälle werden von der Polizei erfasst.
33 Menschen ziehen nach Erfurt.
28 Erfurter ziehen weg.
975 Besucher kommen in den Thüringer Zoopark, die meisten stammen nicht aus Erfurt.
1.428 Gäste verweilen im Egapark.
2.500 Touristen übernachten in Erfurter Beherbergungsbetrieben.
2.745 Ausleihen erfolgen in Erfurts Bibliotheken, davon 215 per Download.

Aha EXTRA

Erfurtsch, das fetzt

Immerhin 9 verschiedene Dialakte gibt es in Thüringen. Wie aber sprechen die Erfurter? Natürlich Erfurtsch – und das mitunter mit ganz eigenen Wortschöpfungen. Kennen Sie sich aus? Testen Sie sich einfach mal selbst …

1. Was ist Ärford?
2. Was tun Kinger, die glennern?
3. Wie viel Punkte haben Muküpchen?
4. Was bedeutet runger?
5. Wer mag Knetsch?
6. Was sind Brummochsen? Wer ist ein Dämlack? Was ist ein Dummbittl?
7. Was tun Erfurter, die bläken?
8. Wer möchte eine Dunzelmohne sein?
9. Ab in die Falle …
10. Eine Gusche hat jeder, denn dieses Wort bedeutet …
11. Wie sieht ein Hemmelecker aus?
12. Was haben Kinkerlitzchen und Horbel gemein?
13. Was ist ein Krawenzmann?
14. Herumlungern hat nichts mit der Lunge zu tun. Stromern auch nicht. Sondern?
15. Viele Menschen hassen Mengenke. Warum?
16. Wer gern in ein Rämpfchen beißt…
17. … der schnorpst vielleicht auch gern.
18. Schlumpen haben wir alle. Was, bitte?
19. Wo wachsen Bumbaumeln?
20. Was fetzt?

Auflösung

1. Gemeint ist Erfurt, was Erfurter gern mit einem langgezogenen Ä aussprechen.
2. Kinger sind Kinder. Sie schlittern über gefrorene Pfützen. Kinger werden auch als Wänster bezeichnet.
3. Muküpchen oder auch Mutschekiebchen sind Marienkäfer. Sie haben maximal 24 Punkte.
4. „Komm'ste runger?", fragen Kinger ihre Freunde. Kommst Du runter zum Spielen? Wer später wieder hochgeht, der geht nuff.
5. Wer knetscht, lässt sich auf einen Schwatz ein. Knetsch, das ist Klatsch und Tratsch, mitunter ist damit auch Unsinn gemeint.
6. Brummochse, Dämlack und Dummbittl sind Schimpfwörter. Sie bezeichnen sture bzw. dumme Menschen.
7. Sie schreien herum – oder sie weinen.
8. Niemand. Es sei denn, man wäre gern ein Tölpel.
9. … bedeutet: Ab ins Bett!
10. … Mund.
11. Hemme steht für ein Unter- oder auch Oberhemd. Es leckt, es schaut zum Hosenbund heraus. Hemmelecker sind liederlich gekleidet.
12. Unfug lieben vor allem jene, die ihn anstellen. Allerdings kann's als Strafe für Kinkerlitzchen auch mal eine Horbel geben, eine Kopfnuss.
13. Eigentlich alles, was für seine eigenen Verhältnisse besonders groß anmutet. Das können Dinge ebenso sein wie Personen.
14. Beides bedeutet, ziellos unterwegs zu sein. Man gammelt oder treibt sich einfach nur herum.
15. Weil ihnen ein heilloses Durcheinander suspekt ist.
16. … liebt vermutlich Brotkanten.
17. Wir knabbern geräuschvoll, zum Beispiel Obst und Gemüse.
18. Gemeint sind Schuhe.
19. Löwenzahn gedeiht auf nahezu jeder Wiese.
20. Alles, was Jugendliche heutzutage cool nennen, fetzt. Die Erfurter Mundart gehört vermutlich nicht mehr dazu. Schade, eigentlich.

Aha

Wie enn?

Natürlich kennt nahezu ein jeder Erfurter den ultimativen Gruß „Wie enn?".
Wie aber heißt die Antwort auf dieses flapsig gesprochene „Wie geht's?"?
Probieren Sie es am besten mal aus, fragen Sie Ihre Freunde. Vermutlich werden sofort allerlei Antworten in den Raum geworfen.
Die richtige Antwort lautet auf Erfurtsch kurz und bündig: „Un selwer?" Zu gut deutsch: „Und selbst?"

Aha

Das Blechbüchsen-Viertel

Erfurt hat 53 Stadtteile. Ein Blechbüchsen-Viertel taucht in der offiziellen Liste nicht auf. Dennoch ist der Begriff in Erfurt tief verwurzelt. Wo aber befindet sich dieses Viertel genau?

Tatsächlich lassen sich seine Grenzen nicht exakt definieren. Gemeint ist vor allem der Norden, und dabei hauptsächlich der Stadtteil Ilversgehofen. Allerdings sind die Grenzen fließend. So gehören die nördlichen Plattenbaugebiete nicht dazu, wohl aber einige Straßenzüge von benachbarten Stadtteilen.

Der Name Blechbüchsen-Viertel entstand bereits vor dem Ersten Weltkrieg. Er steht als Synonym für die von Arbeiterfamilien bewohnten Gebiete. Die Herkunft des Begriffs ist nicht eindeutig geklärt. Es gibt drei Theorien.

Zum einen sollen die Kinder des Viertels nur wenig Spielzeug besessen haben. Statt mit echten Bällen haben sie deshalb Fußball mit Blechdosen gespielt.

Eine zweite Erklärung fußt auf dem früher weitverbreiteten Blechgeschirr. Arbeiter nahmen sich ihr Essen unter anderem in Blechnäpfen mit auf Arbeit.

Die dritte Deutung spielt auf die vielen damals im Norden lebenden Sinti und Roma an; ihre schlichten Behausungen wurden demnach als Blechbüchsen verspottet.

Der Stadtteil Ilversgehofen hat vor allem in den letzten 30 Jahren seinen Charakter stark gewandelt. Das immer wieder zu hörende Motto lautet: „Vom Blechbüchsenviertel zum Szenekiez".

Das profane Heiligtum der Stadt

Wer über Thüringens berühmteste Brücke läuft, nimmt sie zunächst überhaupt nicht als solche wahr. Mit Ausnahme eines schmalen Durchgangs ist die Krämerbrücke beidseitig mit Fachwerkhäusern bebaut. Kleine Lädchen gibt es hier; Künstler und Kunsthandwerker haben sich niedergelassen.

Die erste Brücke stand hier vermutlich schon vor über 1000 Jahren. Die hölzernen Bauten wurden mehrfach zerstört. 1325 entstand die erste steinerne Krämerbrücke – mit jeweils einer Kirche an den Brückenköpfen. Erhalten blieb nur die Ägidienkirche. Die Steinbrücke musste beginnend im Mittelalter mehrfach saniert oder wiederhergestellt werden. Unter anderem galt es, drei Häuser, die im Zweiten Weltkrieg zerstört worden sind, neu aufzubauen.

Wer über die Krämerbrücke hastet, macht etwas falsch. Einfach nur bummeln, schauen, staunen ist angesagt. Doch mal ehrlich: Wer hat sich bereits die Zeit genommen, auch mal den Turm der angrenzenden Ägidienkirche zu besteigen? Wer hat von hier der Brücke und der übrigen Altstadt aufs Dach geschaut? Der Aufstieg lohnt allemal: Während die angrenzenden Straßencafés meist sehr belebt sind, herrscht in 33 Metern Höhe eine fast schon idyllische Ruhe vor.

Aha

Die Krämerbrücke
wird abends illuminiert.
Foto: Marco Kneise

Aha

Die verrückte Stadt

Anno 1493 erschien in Nürnberg die Schedelsche Weltchronik. Das opulente Werk erhebt den Anspruch, die Geschichte „von anbeginn der welt bis auf dise unsere Zeit" zu erzählen. Auf einer Doppelseite der Chronik ist eine Stadtansicht von Erfurt zu sehen. Bis heute ist unklar, von wo aus das Bild festgehalten worden ist. Blickte der Künstler ausgangs des 15. Jahrhunderts vom Steiger auf Mariendom und St. Severi herab? Entzückte ihn gar der Fernblick vom Ettersberg?
Der Blick lässt sich in natura keineswegs nachvollziehen. Mehr noch: So wie auf dem Bild dargestellt, hat die Stadt nie wirklich ausgesehen.Das freilich fällt erst beim zweiten Anschauen des Holzschnitts auf. Dann bemerken Erfurt-Kenner alsbald, dass der Künstler die in Wahrheit beinahe kreisförmige Stadt für sein Bild aufgeschnitten und auseinandergeklappt hat. Die Schnittachse führte er zwischen Domberg und Petersberg. Das führt letztlich dazu, dass die beiden direkt nebeneinander befindlichen Erhebungen in dem Panorama-Bild an jeweils andere Enden der Stadt rücken.

Erfurt in
der Schedelschen
Weltchronik.
Foto: Marco Kneise

Aha

Das Faustgässchen

Von der Schlösserstraße aus zweigt Erfurts sagenhafteste Straße ab, das Faustgässchen. Es erhielt seinen Namen nach Doktor Faust, der hier ein unglaubliches Abenteuer bestanden haben soll. Faust hatte angeblich eine Wette abgeschlossen. Er behauptete, durch die extrem enge Gasse mit einem vierspännigen Ochsenkarren voller Heu fahren zu können.

Vom Fortgang der Ereignisse gibt es zwei Versionen. Die eine besagt, Doktor Faust habe beim Erreichen der Gasse die Ochsen in Mäuse verwandelt und die Strohladung in einen einzigen Halm. So konnte er die Engstelle passieren. Am Ausgang der Gasse wurden aus den Mäusen wieder Ochsen und aus dem Strohhalm wieder eine normale Fuhre.

Die zweite Version berichtet, Faust habe mit einem Zauberspruch die Häuser zurückweichen lassen, so dass die Gasse ausreichend breit für sein Fuhrwerk wurde. Daraufhin sei ein Mönch erschienen, der dem Teufelswerk ein Ende bereitet habe. Dabei habe es sich um Martin Luther gehandelt.

Wie war es wirklich? Klar ist wohl nur eines: Ochsenkarren fahren in Erfurt längst nicht mehr vor. Dafür führt heutzutage ein Radweg durchs Faustgässchen. Drahtesel passen hier also allemal durch.

Aha

Arschkerbe und Hosenkraatsch

Wer aufmerksam durch die Johannesstraße spaziert, kann unweit des Kirchturms ein kleines, grünes Schild entdecken. Es verweist auf die „sog. Arschkerbe". Das Schild markiert die Zufahrt zu einem Grundstück.
Hinter dem vulgär klingenden Namen verbirgt sich eine einstige Sackgasse. Vermutlich hatten sich die Erfurter im Mittelalter bei der Namensgebung vom Straßenverlauf inspirieren lassen. Die Johannesstraße schlägt hier einen Bogen, die abzweigende Gasse kann man durchaus als Einkerbung interpretieren. Spätestens für das Jahr 1510 ist der Name „arßkern" verbürgt, weniger später dann „arschkerben" und „Arschgrube". Dann aber wurde der Name immer sittsamer, auf Kerbgasse folgte zuletzt Korbgasse. 1870 verlor die Arschkerbe auch diesen Namen; seitdem ist dieser Abschnitt formell der Johannesstraße zugeschlagen. Lediglich die Erinnerung bleibt – auch dank des kleinen, grünen Schildes …
Apropos Po: Nur wenige Gehminuten entfernt, hinter dem Augustinerkloster, hängt ein weiteres grünes Schild. Es verweist auf den „sog. Hosenkraatsch". Hier spiegelt der Beiname ebenfalls den Straßenverlauf wider. Tatsächlich hieß die angrenzende Gasse einst „In der Hose". Heute treffen hier Tauben- und Comthurgasse im spitzen Winkel aufeinander.

Foto: Mirko Krüger

Aha

Erfurt, Weimar und Goethe

Obwohl Erfurt und Weimar dicht beieinander liegen, klaffen zwischen beiden Städten mitunter tiefe Gräben. Da ist zum einen die tatsächliche Bedeutung, zum anderen die gefühlte Bedeutsamkeit. Erfurt ist mit Recht die Metropole Thüringens; ebenso darf sich Weimar als Nabel der kulturellen Welt fühlen. Dennoch gibt es in Weimar durchaus auch Neid. Neid darauf, dass Erfurt zur Landeshauptstadt geworden ist. Um mit Goethe zu sprechen: „O Weimar! Dir fiel ein besonder Los! Wie Bethlehem in Juda, klein und groß."

Ausgerechnet der Vorzeige-Weimarer vermag es, Erfurt und Weimar eng zusammenrücken zu lassen. Für ihn haben sich beide Städte trefflich ergänzt. Weimar war die Stadt seiner großen Werke, während er in Erfurt gern Wein einkaufte, vor allem aber große Begegnungen erlebte. Allen voran gilt dies für Goethes legendäres Treffen mit Napoleon 1808. Glanzvoller hätte der Termin nicht gewählt sein können. Zur gleichen Zeit weilten der Zar, vier deutsche Könige, eine Königin sowie etliche Fürsten in der Stadt.

Etwa 50 Besuche Goethes in Erfurt sind binnen 40 Jahren nachweisbar.

Aha

Der Roland ist ein Römer

Rolandsfiguren gibt es in vielen deutschen Städten. Meist stehen sie vorm Rathaus; sie sind ein Sinnbild für die Unabhängigkeit der Stadt. Auch auf dem Fischmarkt thront seit dem Ende des 16. Jahrhunderts ein wehrhafter Krieger hoch über den Köpfen der Erfurter. Er entstand freilich nicht auf Wunsch der Bürgerschaft, sondern auf Drängen des Erzbistums Mainz. Die Erzbischöfe hatten immer wieder die Oberherrschaft über Erfurt angestrebt und letztlich auch mit militärischer Macht erzwungen. Ihr ausdrücklicher Wunsch im Jahr 1591 lautete: Die Stadt Erfurt soll eine Figur des heiligen Martins aufstellen, welcher Schutzherr von Mainz war. Die Erfurter lösten diese Herausforderung mit großem Selbstbewusstsein. Sie gaben zwar tatsächlich eine Martinsstatue in Auftrag. Allerdings sollte Martin nicht als Bischof zu sehen sein, sondern in seinem vorherigen Beruf – als Offizier des römischen Heeres. So meißelte der Bildhauer einen Krieger aus dem Sandstein heraus. Der Römer trägt eine Fahne mit dem Erfurter Wappen; dieses ist auch auf seinem Schild dargestellt.
Diese Darstellung machte es den Bürgern leicht, in ihrem Römer ein Symbol der städtischen Freiheit zu sehen. Trotzdem handelt es sich dabei nicht um eine klassische Rolandsfigur, weshalb der Erfurter Römer auch nicht in entsprechenden Verzeichissen aufgeführt wird.

Foto: Roland Obst

Aha EXTRA

Erfurts engste Straße misst 1,04 Meter

Die Markstraße. Irgendwo hier, zwischen Fischmarkt und Domplatz, muss die Kirchhofsgasse abzweigen. Doch wo genau? Immer und immer wieder laufen Passanten achtlos vorbei. Warum sollte es auch anders sein: Spätestens dann, wenn ein, zwei Leute vor der Gasse stehenbleiben, können all die Vorüberhastenden von ihr nichts mehr sehen.

Sie ist „ein Gäßlein, in dem zwei Menschen einander nur mit Gefahr des Erstickungstodes ausweichen" können, überlieferte der Theologe August Bomhard bereits vor zwei Jahrhunderten in einem Roman.

Also tief Luft holen – und stehenbleiben. Das Maßband ist gezückt. Lediglich 1,04 Meter lassen sich an der engsten Stelle ausrollen. Hier rücken nicht nur die Mauern bedrohlich nahe. Hier ist es auch zappenduster. Die Dächer rücken so eng zusammen, dass Blicke gen Himmel nahezu unmöglich sind.

Damit erfüllt die Kirchhofsgasse sogleich die wichtigste Voraussetzung, wirklich Gasse genannt zu werden. Als solche gelten enge Straßen nur dann, wenn sie von Häusern bestanden sind.

123 Gassen listet das Erfurter Straßenverzeichnis auf. Von A wie Alte Mittelgasse bis Z wie Ziehgasse. Obwohl gerade diese beiden in Kerspleben und Azmannsdorf – also in Erfurter Dörfern – zu finden sind, liegen die meisten Gassen in der historischen Altstadt. →

Die Engste: In der Kirchhofsgasse sind kaum Blicke zum Himmel möglich.
Foto: Mirko Krüger

So, wie die Mohrengasse. Mit einer Breite von 1,37 Metern rangiert sie auf dem zweiten Rang. Aber dafür ist sie die vermutlich erotischste Gasse der Stadt. Das hat sie indes nicht der Tatsache zu verdanken, dass sich einst nur unweit ein Rotlichtviertel befand, sondern viel mehr ihrer Hüterin. Statt eines Mohren, wie der Name vermuten lässt, thront hoch über dem Pflaster eine barbusige Schönheit. Tief Luft holen – nicht erröten.
Während zur Mohrengasse lediglich schmucklose Mauern zeigen, ist die Kirchgasse dicht bestanden mit hübschen Fachwerkhäusern. Blumenkästen borden über, sogar einen Baum gibt's. Einer der Zugänge wird von einem steinernen Torbogen markiert. Kein Wunder, dass Touristen immer wieder verzückt zum Fotoapparat greifen. Bei einer Breite von 1,66 Meter an der knappsten Stelle sollte es keine Mühe machen, die Gasse in ihrer ganzen Pracht aufs Bild zu bekommen. Tief Luft holen – und staunen.

Kirchhofsgasse
Foto: Jens König

Kein normales Auto passt durch die Kirchgasse. Ganz anders in der Herrenbreitengasse. Sie ist so breit, dass Herren und Damen hier sogar beidseitig sowie quer zur Fahrbahn parken dürfen. Einst war die Gasse weit enger. Da hieß sie allerdings noch Schindergasse, eben weil die städtischen Schinder (die Scharfrichter) hier lebten. Tief Luft holen – und ruhig ausatmen. Diese gruseligen Zeiten sind schließlich längst vorbei.

Die Erotischste:
Die Mohrengasse wird von einer holden Schönheit gehütet.
Foto: Mirko Krüger

Die Schönste: Kirchgasse am Augustinerkloster.
Foto: Mirko Krüger

Aha

Erfurt zum Begreifen

Mit einem einzigen Blick die ganze Altstadt erfassen, das kann man vor dem Rathaus. Hier steht seit dem Jahr 2008 ein in Bronze gegossenes Modell der Altstadt. Es lädt ausdrücklich dazu ein, Erfurt zu begreifen. Wer mag, kann all die Wohn- und Geschäftshäuser mit Händen ertasten, all die Kirchen und Museen, all die Straßen und Plätze. Die wichtigsten Örtlichkeiten sind mit Blindenschrift versehen. Sehende wiederum machen sich gern einen Spaß daraus, bestimmte Häuser in all dem Gewimmel zu suchen.
Das Modell ist ein Geschenk des Rotary Club „Erfurt-Krämerbrücke" an die Stadt. Es soll dabei helfen, die städtebauliche und historische Bedeutung Erfurts zu erkunden.

Auch Touristen aus Vietnam haben ihre Freude an dem Modell.
Foto: Marco Schmidt

In Erfurt brennt überall der Rost

Woran erkennt man in Erfurt wahre Gourmets? Genau: Sie leben von der Hand in den Mund. Wo andere zu Messer und Gabel greifen, genügt ihnen ein Brötchen mit einer Bratwurst mittendrin. Das Klischee ist unverwüstlich. Und doch ist es falsch. Erfurt ist längst keine Hauptstadt der Bratwurst mehr.

Es geht um die Wurst. Um Erfurts wichtigsten Beitrag zur Kochkunst dieser Welt. Das war anno 1797 kaum anders als heute. Schon damals beschrieb das Thüringisch-Erfurtische Kochbuch akribisch die Kunst, frische Bratwürste zu machen und zu braten. Wichtig sei, Fleisch von nicht zu alten oder gar zu fetten Säuen zu verarbeiten.

Daran hat sich im Grunde nichts geändert. Man nehme 150 Gramm vom Schwein, gebe es durch den Wolf, dazu kommen eine Prise Muskat, etwas Kümmel, Pfeffer und Salz. Knoblauch darf, braucht aber nicht. Mancher setzt auch auf einen Hauch von Zitrone.

Doch muss man das alles wirklich so genau wissen, um auf den guten Geschmack zu kommen? Ohnehin hüten die Erfurter Metzger ihre exakten Rezepturen, als sei es Goldstaub. Fleischermeister, wie etwa Karl-Heinz Siebert einer war. Der stopfte im Jahre 1993 die ultimativste aller Erfurter Bratwürste. Ein Riesending! 2770 Meter lang. Gebrutzelt und verspeist wurde sie auf dem Domplatz. Doch längst ist der Erfurter Weltrekord aus dem Guinness-Buch der Rekorde geflogen. Natürlich könnte all das den Erfurtern wurscht sein. Sollte es aber nicht. Schließlich merken nicht nur Touristen, dass die Hauptstadt der Thüringer nicht mehr die der Bratwurst ist. Lediglich an fünf Stellen der Innenstadt legen Wurst-Maxen noch regelmäßig Würste auf. Allein die Zahl der Dönerbuden übersteigt diese Zahl deutlich. Das ist, wir halten dies ausdrücklich fest, keine fremdenfeindlich gesinnte Feststellung. Schließlich leben Döner-Fans nicht anders als die der Bratwurst. Von der Hand in den Mund.

Populärer Irrtum

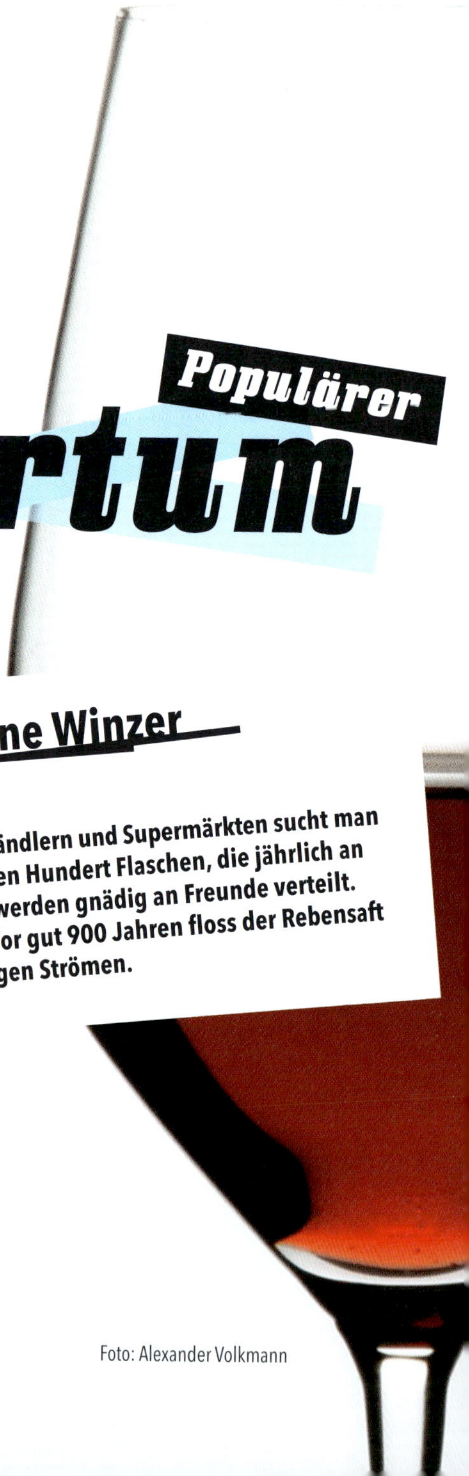

Erfurter sind keine Winzer

In den Regalen von Weinhändlern und Supermärkten sucht man ihn vergebens. Die wenigen Hundert Flaschen, die jährlich an Erfurter Wein entstehen, werden gnädig an Freunde verteilt. Das war nicht immer so. Vor gut 900 Jahren floss der Rebensaft aus Erphesfurt noch in regen Strömen.

Foto: Alexander Volkmann

Ach, was war Erfurt eine Höhle des Lasters. Man hurte, häufte Reichtümer an, verspeiste Pferde. Doch gab sich der seinerzeit herrschende, fränkische Adel auch dem Wein hin? Soffen die Mönche auf dem Petersberg eins und immer noch eins?

Keine Silbe davon findet sich in den ansonsten so detaillierten Schriften des Bonifatius. Waren dem Missionar weinselige Orgien nicht der Erwähnung wert? Oder war der edle Tropfen im achten Jahrhundert in Erfurt nur als Importware bekannt und daher ein eher rares Gesöff?

Das zumindest sollte sich während der nächsten drei, vier Jahrhunderte grundlegend ändern. *Abundancia magna frumenti et vini,* hielt ein Chronist von St. Petri anno 1164 fest. Es herrscht großer Überfluss an Getreide und Wein.

Der älteste bekannte Nachweis über den Weinanbau in Erfurt datiert sogar noch eher. Am 25. September des Jahres 1121 regelte Erzbischof Adalbert per Vertrag die Verteilung der Pfründe von St. Severi. *De vino sic convenimus,* über den Wein sind wir so übereingekommen: Der Propst soll auf seine Kosten und mit seinen Bauern den Weinberg pflegen und die Hälfte den Brüdern geben. Die Brüder, das waren die Kanoniker von St. Severi.

Im Original hat weder das eine noch das andere Dokument die Zeitläufe überdauert.

Trotzdem haben Historiker keine Zweifel an der Echtheit der Überlieferung. In frühen Druckschriften sind sie wiederholt zitiert worden. Die Originale könnten im Zuge der Auflösung des Severistifts nach 1803 verloren gegangen sein. So wie unzählige andere Dokumente auch.

So darf weiter orakelt werden, gerne auch bei einem Schoppen – etwa beim alljährlichen Erfurter Weinfest. Hauptsache, es ergeht uns dabei nicht so, wie es für das Jahr 1599 eine alte Chronik überliefert. Damals sei der Erfurter Wein so gut gewesen, „daß sich die Leute darinnen zu Narren und todt gesoffen".

Der Dom St. Marien und die Kirche St. Severi haben zusammen sechs Türme. Sie bilden eine weltweit einmalige Silhouette. Erfurt hat sozusagen Sechs-Appeal. Im Foto ist ein Feuerwerk zu sehen, das im Egapark gezündet worden ist.
Foto: Sascha Fromm

Populärer Irrtum

Der Domplatz war schon immer riesig

Er misst rund 3,5 Hektar und ist damit einer der größten innerstädtischen Plätze Deutschlands. Ginge es nach vielen Erfurtern, so würden sie trotzdem keine Handbreit ihres Domplatzes für eine eventuelle Bebauung opfern, selbst wenn diese historischen Vorbildern folgen würde. Vor rund 200 Jahren standen auf weiten Teilen des Platzes jedenfalls noch Häuserzeilen.

„Der 6te war ohnstreitig der schrecklichste Tag in unsern Jahrbüchern. Gegen 6 Uhr früh begann eine lebhafte Kanonade … Kugeln und Brandgranaten … alles verwandelte sich in eine colossale Feuermasse … Nachmittags gegen 2 Uhr stand die ganze mittägliche Seite des Domplatzes in lichten Flammen."

An jenem 6. November 1813 wankt Erfurt zwischen Agonie und Aufatmen. Nach mehr als sieben Jahren der napoleonischen Besatzung zeichnet sich endlich die Befreiung der

Stadt ab. Doch es ist ein hoher Preis, den Erfurt dafür zu entrichten hat. Allein auf dem Domplatz fallen 121 Häuser der eigentlich gegen die Zitadelle Petersberg gerichteten Kanonade zum Opfer. Etliche weitere Gebäude lassen die Franzosen schleifen, um so ihr eigenes Schussfeld zu verbessern.

„In stiller feierlicher Majestät erhob der graue Dom sein kolossales Haupt zum flammengerötheten Himmel empor", hält der damalige Stadtchronist Constantin Beyer fest. „Ueberall krachten Häusergerippe zusammen, Balken und Gesparre donnerten herab."

Noch einmal, ausgangs des Zweiten Weltkrieges, sind es Bomben, die das Antlitz des Domplatzes verändern. Glücklicherweise fällt ihnen nur die Eckbebauung zur Kettenstraße zum Opfer. Doch während diese Lücke wieder komplett geschlossen wurde, fielen die 1813 abgefackelten Bauten längst dem Vergessen anheim. Warum auch nicht …

Kaum waren die Franzosen abgezogen, beräumten die Erfurter das Terrain zu Füßen von Mariendom und St. Severi. Im Bereich des heutigen Landgerichts entstand ein Park. Nicht zuletzt profitierte das Militär von der neuen Freifläche: Die preußische Garnison pflegte auf dem nunmehrigen Friedrich-Wilhelm-Platz zu exerzieren.

Auf alten Stichen und Gemälden sowie später auch auf Postkarten und Fotografien hat der Charme jener Jahre die Zeitläufe überdauert. Bilder wie diese entlocken vielen Betrachtern zumeist ein Ah und Oh. Staunen erweckt nicht minder, dass der Platz erst seit 1945 auch Domplatz heißt. Freilich spielte sein alter Name (Vor den Graden oder auch Gradenmarkt) bereits auf den Domberg mit seiner berühmten Treppe an. Gradus ist das lateinische Wort für Stufe. Genau 70 gilt es zu erklimmen, wenn man den Platz von oben in seiner ganzen Pracht und Größe bewundern möchte.

Aha

Rabimmel, rabammel, rabum

An einem jeden 10. November wird der Domplatz zum Disneyland Gottes. Tausende Kinder und Erwachsene pilgern dann hierher und schwenken Laternchen. Mit einer ökumenischen Feier erinnern die Kirchen an den Namenstag von Martin von Tours und den Geburtstag von Martin Luther. Man muss kein Prophet sein, um zu ahnen: Ein Gutteil der Besucher, vermutlich sogar die Mehrheit, wird weder katholisch sein noch evangelisch. Die Thüringer sind nun mal überwiegend Heiden. Manche sprechen auch von Atheisten. So ist Martini ein wunderbares Beispiel dafür, dass und wie es Gläubige und Gottlose in Erfurt dennoch verstehen, gemeinsam Gesänge anzustimmen. Ich gehe mit meiner Laterne, rabimmel, rabammel, rabum …

Martini erlebt der Domplatz einen Andrang ohnegleichen.
Foto: Jens König

Populärer Irrtum

Kanzler Kohl kam 1990 erstmals nach Erfurt

Es waren vermutlich mehr als 100.000, die Helmut Kohl am 20. Februar 1990 auf dem Domplatz zugejubelt hatten. Endlich besuchte der Bundeskanzler auch Erfurt. Tatsächlich war Kohl bereits zwei Jahre zuvor erstmals die Domstufen emporgekraxelt – gleichwohl bekam dies damals kaum ein Erfurter mit.

Die beiden Mercedes, die am 27. Mai 1988 gegen 14.30 Uhr auf dem Domplatz vorfuhren, trugen Kölner und Düsseldorfer Kennzeichen. Nichts an ihnen verriet, dass einer der Insassen normalerweise als Staatsgast zu reisen pflegte. Weder Standarten noch ein Empfangskomitee waren zu entdecken. Dafür verteilten sich Dutzende Stasi-Mitarbeiter in Zivil sowie Polizisten rund um den Platz.

Keine Journalisten, keine Empfänge und keine protokollarische Betreuung – das hatte sich Helmut Kohl ausdrücklich ausbedungen. „Mein privater Besuch in der DDR", so schrieb er später, „war eine der bewegendsten Reisen, die meine Frau Hannelore und ich in unserem Leben unternommen haben." Kohl wollte die DDR-Wirklichkeit ungefiltert erfahren. Und der CDU-Politiker wollte unter allen Umständen den Eindruck vermeiden, er werte die DDR-Führung durch einen offiziellen Staatsbesuch quasi auf. Damit war aber auch klar: Jubelszenen, wie sie Willy Brandt 18 Jahre zuvor rund um den Erfurter Hof erlebt hatte, würde es ebenso wenig geben.

Der Aufenthalt in Erfurt währte nur zwei Stunden und 15 Minuten. Der Bundeskanzler wandelte auf üblichen Touristenpfaden. Dom, Krämerbrücke und Fischmarkt. Immerhin nahm sich der Katholik auch Zeit, unangemeldet das Priesterseminar zu besuchen. Er diskutierte mit etwa 60 bis 70 Studenten und Lehrern.

Danach begab sich der Kanzler ins Gildehaus am Fischmarkt. In dem Restaurant bestellte sich Kohl ein Bier, aber keine Speisen. Die Karte hatte sich der Bundeskanzler nur reichen lassen, um sich über die Preise zu informieren.

Zu Kohls Begleitern gehörte Wolfgang Bergsdorf. Der damalige Abteilungsleiter des Bundespresseamtes wurde zwischenzeitlich Rektor der Erfurter Universität.

Aha

Wie sich Bischöfe vermählen

Der Türzieher vom Erfurter Dom.
Foto: Mirko Krüger

Wer den Erfurter Dom betreten möchte, sieht sich sofort mit einem furchteinflößenden Türgriff konfrontiert. Der sogenannte Türzieher besteht aus einem Löwenkopf, der einen armen Sünder verschlingt. Seit mehr als 800 Jahren schmückt dieser Löwe den Dom.

Die Darstellung spielt auf eine Aussage Petrus' an. Er hatte den Teufel als brüllenden Löwen beschrieben, der Seelen sucht, die er verschlingen kann. Auch die ägyptische Mythologie kennt dieses Motiv. Dort ist es die löwenköpfige Göttin Ammut, die im Totengericht die Herzen der Sünder fressen muss.

Den Erfurter Türzieher interpretieren Theologen weniger blutrüstig. Er gilt als Symbol der Rettung des Menschen vor dem Bösen. Einst hatte sich jeder neue Bischof durch das Ergreifen dieses Türziehers mit seinem Sprengel vermählt.

Am Portal der Kirche hängt eine Nachbildung. Der echte Türzieher gehört zum Domschatz; er wird allenfalls noch museal präsentiert.

Populärer

Irrtum

Die Gloriosa ist einzigartig

Erfurts berühmte Glocke, so heißt es, sei einmalig. Auf ihren Klang mag dies zwar zutreffen, nicht aber auf ihr körperliches Dasein. Schließlich verrichtet nur wenige Schritte vom Glockenstuhl des Mariendoms entfernt ein Ebenbild der Gloriosa seinen Dienst. In St. Severi.

Rekorde sind toll – auch jenseits von Olympia. Es gibt, nur mal so zum Beispiel, die Größten und die Schönsten; und es gibt Superlative, die scheinen für die Ewigkeit gedacht. Ein solcher Superlativ ist seit rund 500 Jahren in Erfurt beheimatet. Wir sprechen, mit Verlaub, von einer allseits beliebten, gleichwohl auch etwas beleibten Dame.
Sie hat betörende Talente. Sie wehrt, so besagt es die Legende, Blitze ab und Geister. Das alles glückt ihr weder

Die Erfurter wollen die Gloriosa nicht nur hören, sondern auch sehen. Es gibt immer wieder Führungen zur Glocke; ein Schild weist den Weg.
Foto: Mirko Krüger

mit Drohgebärden noch mit technischen Raffinessen. Es ist einzig und allein ihr Gesang, der solch Wunder vollbringt. An acht Feiertagen im Jahr singt die Gloriosa ihr Lied. Dann schweigt Erfurt und lauscht ihrem tiefen „e". Vor allem in diesen Momenten wird der Superlativ bewusst. Die Gloriosa ist die größte freischwingende mittelalterliche Glocke der Welt. Die Betonung freilich, sie liegt auf „mittelalterlich". Lässt man dieses Wort einfach weg und erklärt sie zur weltgrößten Glocke, dann wäre dies nicht wahr.

So einmalig der Klang der Gloriosa auch sein mag, so kennt sie doch eine Doppelgängerin. Beide Glocken gleichen sich in ihren Proportionen bis aufs Detail. Selbst die ihnen aufgeprägte „Madonna im Strahlenkranz" entstammt der identischen Gussform. Der entscheidende Unterschied zwischen den Schwestern: Die in St. Severi hängende Vicencia wiegt nur 60 Zentner, die Gloriosa bringt dagegen das Vierfache auf die Waage. So ist es um beide Glocken kaum anders bestellt als um die zwei Kirchen auf dem Domberg. Eigentlich gehören sie untrennbar zusammen. Doch die Gewichtigkeit der Gotteshäuser scheint in der öffentlichen Wahrnehmung mitunter alles andere als gleich. Zumeist erfährt der Mariendom die bevorzugte Aufmerksamkeit.

Im Jahre 2004 musste die Gloriosa wegen eines Risses ausgebaut werden. Der damalige Bischof Joachim Wanke empfing sie nach der Reparatur feierlich.

Foto: Jens König

Die Gloriosa läutet nur zu besonderen Anlässen. Dies sind:

1. Januar
Ölweihmesse (Dienstag der Karwoche)
Ostersonntag
Pfingstsonntag
15. August (Mariä Himmelfahrt)
Bistumswallfahrt (im September)
10. November (Martini)
25. Dezember

Aha

Ein Riesending im Dom

Kann es allein Menschenhand gewesen sein, die ein solch imposantes Bauwerk wie den Erfurter Dom erschaffen hat? Eine augenzwinkernde Antwort gab es einst in dessen Chor zu bewundern. An einem der Pfeiler hing im 19. Jahrhundert ein mächtiger Schenkelknochen. Damalige Reiseführer kolportierten, es handele sich um den Schenkel eines Riesen, welcher „ersprießliche Dienste geleistet haben soll". Vermutlich handelte es sich um einen Mammutknochen. Derartige Kuriositäten sind vielerorts zur Schau gestellt worden.
Sein Verbleib verliert sich im Dunkel der Geschichte.

Populärer Irrtum

Hinter dieser Tür befindet sich die Kiliani-Kapelle. Ihre Decke wird von vier prächtigen Schlusssteinen bekrönt.

Fotos: Mirko Krüger

Der Dom ist keine Luther-Stätte

Vor rund 500 regelten der Erfurter Magistrat und der Erzbischof von Mainz vertraglich, wie sich das Zusammenleben von Katholiken den Protestanten künftig in der Stadt gestalten sollte. Dazu gehörte, die Kirchen gerecht unter den Konfessionen aufzuteilen. Der Dom St. Marien wurde daraufhin wieder katholisch. Gute zwei Jahrzehnte zuvor war ausgerechnet hier der spätere Reformator Martin Luther zum Priester geweiht worden.

Nie wurde ein Zittern und Zagen nachträglich so eindrucksvoll in Szene gesetzt, nie wurde so umfänglich über verkleckerten Messwein orakelt wie in diesem Fall. Ganz nah ist die Kamera, um auch das kleinste Flackern in des Priesters Augen einzufangen. So macht man Kino, großes Kino. Es geht nicht um Pathos. Es geht um Emotionen. Luther, der Film. Eine Reformationssaga. Eine mit weltweitem Erfolg. Das freilich muss kaum wundern, schließlich war dem britische Regisseur Eric Till von Anfang an klar, was er da verfilmt: „Eine der größten Storys der Geschichte!"
Das Erfurter Augustinerkloster am 2. Mai 1507. Vor dem Altar steht Martin Luther. Einen Monat zuvor war er zum Priester geweiht worden. Nun hat er erstmals Gott die Gaben darzubringen – und ihn befällt ausgerechnet in diesem Moment die große Panik. Vom Altar habe er weglaufen wollen, berichten die Biografen. Der spätere Reformator sei hin- und hergerissen gewesen zwischen Ehrfurcht und Scheu, zwischen eigener Reinheit sowie der Angst, sich zu verhaspeln. Das schließlich hätte als große Sünde gegolten.
Martin Luther und Erfurt. Mit keinem anderen Ort auf Erden verknüpft sich die Biografie des Reformators zu Beginn des 16. Jahrhunderts so intensiv wie mit Thüringens heutiger Landeshauptstadt. Von 1501 bis 1511 hatte er seinen Lebensmittelpunkt hierher verlegt. Zunächst an die Universität, danach ins Augustinerkloster. Hier wurde Martin Luther ausgebildet, hier erlebte er den legendären Blitzschlag, hier lernte er Klosterleben und Spiritualität kennen. Hier, in Erfurts Mauern, wurzelt die Reformation. Entsprechend groß ist die Zahl der Lutherstätten in der Stadt. Die Alte Universität und die Georgenburse gehören dazu, der Lutherstein bei Stotternheim, das Augustinerkloster und die Andreaskirche, die Kaufmannskirche und auch der Dom. Der Dom? Aber ja, hier war Luther zum Priester geweiht worden.
Die „Matricula ordinatorum", das Weihbuch, gilt zwar als verschollen. Auch hat Luther den Tag der Priesterweihe nie mit Datum in Briefen erwähnt. Lediglich der Satz „Bin ich doch ein geweyeter pfaff, habe Weihe vom Bischoff empfangen" ist verbürgt. Doch Generationen von Historikern haben das Rätsel mit großer Wahrscheinlichkeit lösen können. Luther wurde demnach am Ostersamstag des Jahres 1507 zum Priester geweiht, also am 3. April. Unstrittig ist, dass Bischof Bonemilch von Laasphe den Akt vollzogen hat. Und auch der Ort der Weihe scheint geklärt. Sie wurde nicht in Luthers ureigenem Kloster zelebriert, sondern im Mariendom. Allerdings wurde die Priesterweihe nicht vor dem Hauptaltar vollzogen, sondern in einer der kleineren Kapellen. Vieles deutet darauf hin, dass es sich dabei um die Kiliani-Kapelle gehandelt haben dürfte, die an den Kreuzgang grenzt. Zwei Pforten führen hinein. Durch welche ist Luther geschritten? Durch eine hinein und zur anderen heraus? Man weiß es nicht. Nur eines ist ganz gewiss. Damals war Luther noch Katholik …

Aha

Mariens Auferstehung

Rund 100 Jahre schmückte ein riesiges Marien-Mosaik den Westgiebel des Mariendoms. Im 19. Jahrhundert hatte man eigens für dieses Bildnis einen Dachgiebel umgebaut. Fortan war das 10 mal 6 Meter große Bild über weite Teile der Stadt hinweg zu sehen. Viele Erfurter und ihre Gäste waren von diesem Anblick immer wieder aufs Neue fasziniert.
Dann aber führte die neue Dachform über die Jahre zu massiven Wasserschäden im Mauerwerk. Deshalb musste das Dach in den späten 1960er-Jahren wieder in die ursprüngliche Form zurückgebaut werden. Zwangsläufig bedeutete dies die Demontage des Mosaiks. Es wurde in seine Bestandteile zerlegt und eingelagert.
Seither rissen die Wünsche der Erfurter nicht ab, das Bildnis wieder sehen zu können. Mittlerweile, nach fünf Jahrzehnten, wird es restauriert. Seinen neuen Platz hat das Moasik unter dem Dach des Langhauses gefunden. Zumindest während gelegentlicher Führungen können die Erfurter ihrer Maria nun wieder in die Augen sehen. Sie kommen ihr dabei näher denn je.

Das Mosaik war einst weit über die Stadt hin zu sehen.
Abbildung: Archiv Mirko Krüger

Das Mosaik wird rekonstruiert. Trotz zahlreicher Fehlstellen strahlt es Anmut aus.
Foto: Marco Schmidt

Aha

Rätselhafter Grabstein

Im Dom steht Thüringens legendärster Grabstein – der des Grafen von Gleichen und jener beiden Frauen, mit denen er angeblich in Bigamie gelebt haben soll. Ihre eigentliche Grablege befindet sich in der Peterskirche auf dem Petersberg. Die Gebeine und die Grabplatte waren im 19. Jahrhundert in den Dom umgebettet worden.
Bis heute ist unklar, in welchem Verhältnis die drei Bestatteten zueinander gestanden haben. Nicht mal ihre genauen Namen und Lebensdaten sind bekannt. Letztlich sind das ideale Bedingungen, um den Mythos weiterhin zu nähren.
Vielleicht hatte der Graf ja wirklich zwei Frauen – aber nicht gleichzeitig, sondern nacheinander. Als die eine starb, nahm er sich eine zweite. In früheren Zeiten war es durchaus üblich, auf Grabsteinen alle Ehepartner darzustellen.
Es sind freilich auch ganz andere Konstellationen denkbar, wie sich in der dem Dom benachbarten Kirche zeigt. In St. Severi befindet sich ebenfalls eine Grabplatte, die einen Mann und zwei Frauen darstellt. Es ist der heilige Severus – mit Frau und Tochter.

Der Graf und seine Frauen wurden auf der Grabplatte überlebensgroß dargestellt.
Foto: Mirko Krüger

Aha EXTRA

Vor dem Zweiten Weltkrieg gab es noch keine Anger-Kreuzung. Der Straßenzug war dicht bebaut.
Foto: TA-Archiv

Die im Krieg zerstörten Häuser wurden abgetragen; es entstand ein freier Platz (im Foto links von der Straßenbahn). Hier steht heute ein Geschäftshaus.
Foto: Sammlung Eduard Zellmer

Thüringens bekannteste Kreuzung

Der Anger ist für viele Erfurter die gute Stube ihrer Stadt. Deshalb nehmen sie nicht einfach hin, was am Anger passiert. Sie haben ihre Meinung, mitunter mischen sie sich damit auch lautstark ein. Auf dem Anger fühlen sich die Erfurter wohl, hier verabreden sie sich, hier entspannen sie, hier lassen sie ihr Geld, hier demonstrieren sie und, ja auch das, hier ärgern sie sich. Zum Beispiel darüber, dass der Anger zu einem Kriminalitätsschwerpunkt geworden ist – und dass auf ihm zu wenig Bäume stehen.

Gute 600 Meter ist der Anger lang. 600 Meter, die nicht nur zum Flanieren einladen, sondern immer auch zu einem Bummel durch die Geschichte des Boulevards. Wer seinen Blick nicht nur durch Auslagen wandern lässt, sondern auch entlang der Fassaden, erlebt Erstaunliches. Im Osten beginnt der Spaziergang an der im gotischen Stil errichteten Kaufmannskirche. Es folgen prächtige Bürgerhäuser aus der Renaissance und aus dem 19. Jahrhundert. Das Postgebäude wiederum ist neogotisch und das Museum barock. Ein Bankgebäude entstand im Bauhaus-Stil. Doch der stete Wandel, den die Straße erfuhr, kulminiert an keiner Stelle so wie am Angereck.

Das Angereck. Bereits der Begriff ist verwirrend. Für viele Erfurter ist es gleichbedeutend mit dem Eckgebäude an der Straßenbahnkreuzung. Tatsächlich hatte es bis vor sieben Jahrzehnten hier noch ein echtes Eck gegeben – aber keine Kreuzung. Alte Fotos zeigen, dass die heutige, zentrale Freifläche des Angers bis in die Kriegsjahre mit Häusern bestanden war. Die Straßenbahnen konnten dadurch nicht, wie inzwischen üblich, vom Bahnhof kommend geradeaus in die Schlösserstraße weiterfahren. Wer von der einen in die andere Straße gelangen wollte, musste zweimal scharf abbiegen.

Erst Kriegszerstörungen ermöglichten es, neu zu planen. Zerbombte Häuser des alten Ecks wurden nicht wieder aufgebaut, so dass der Straßenverlauf aktuellen Erfordernissen angepasst werden konnte. Das Eck wurde zur Kreuzung.

Noch sollte es mehr als drei Jahrzehnte dauern, ehe entlang dieser Kreuzung wieder eine neue Bebauung entstand. 1979 war sie fertiggestellt – mit Reisebüro, Café und Mokkabar. Viele Bürger saßen gern auf der Hochterrasse und beobachteten das Treiben auf dem Anger.

Nur 21 Jahre später wurde dieses Angereck durch einen Neubau ersetzt. Vor allem in dessen ersten Monaten gab es Proteste vieler Bürger. Im Gegensatz zu seinem ziemlich braven Vorgänger wirkte das neue Haus wie brachial hingeklotzt. Das sah wohl auch die Architektenkammer des Freistaats so. In deren Jahrbuch von 2001 heißt es, das Angereck „reckt sich laut und aufdringlich in den öffentlichen Stadtraum". Inzwischen ist das Angereck im Alltag der Erfurter angekommen. Sie leben mit ihm – und sie verstehen das neue Haus als warnendes Beispiel: So, bitteschön, nicht noch einmal.

1979 wuchs am Angereck ein Eckhaus nebst Café und Hochterrasse empor. Bereits zwei Jahrzehnte später erfolgten Abriss und Neubau.
Foto: Sascha Fromm

Die Kreuzung, wie wir sie heute kennen – mit dem Angermuseum.
Foto: Marco Schmidt

Aha EXTRA

Erfurt und Venedig

Erfurt verdankt sein Kunstmuseum einem begnadeten Maler – und dessen selbstbewussten Erben. Als der Sohn Friedrich Nerlys der Stadt den künstlerischen Nachlass stiftete, knüpfte er daran eine Bedingung. Erfurt müsse ein städtisches Museum gründen. Die Geburtsstunde des Angermuseums hatte geschlagen. Rund 800 Gemälde, Aquarelle und Skizzen wanderten in seinen Besitz.

Venedig liegt, wo auch sonst, mitten in Erfurt. Das kleine Viertel gilt als einer der malerischsten Orte der Stadt. Apropos Maler. Auch Erfurts berühmtesten Maler hat es nach Venedig gezogen, ins echte Venedig, natürlich. Mehr noch: Friedrich Nehrlich alias Nerly verstand es nicht nur, hier zu leben. Er vermochte zugleich, von Venedig zu leben. Als er sich 1835 in der Stadt niederließ, entdeckte er alsbald die nächtliche Piazzetta als sein ureigenes Geschäftsmodell. Auf mindestens 36 Gemälden verewigte er den romantisch anmutenden Platz. All diese Bilder unterscheiden sich nur in Details.
Die Gemälde zeigen einen Postkartenblick, wie ihn heutzutage Touristen beständig ablichten. Wir sehen über den Markusplatz auf die Lagune, wo Schiffe ankern. In der Bildmitte ragt die Markussäule empor. An der Seite steht der Dogenpalast, hinter dem der Mond hervorlugt.
Die „Piazzetta im Mondlicht" ist bis heute der Gewinnbringer unter Nerlys Werken geblieben. Über eine halbe Million Euro erzielte eines der Bilder auf einer Auktion. Im Erfurter Angermuseum hängt die vermutlich älteste Version der Piazzetta. Auf einem Schild auf der Rückseite des Bildes steht mit schwarzer Tinte: Erste Original-Skizze von F. Nerly. Unklar ist, wer dies notiert hat. War es der Künstler? Oder der ihn beerbende Sohn?

So skizzierte Nerly sein Venedig.
Foto: Jens König

Ist Venedig so etwas wie der ewige Sehnsuchtsort der Thüringer? Diese Frage stellte sich spätestens mit der Veröffentlichung von Goethes Reisetagebuch das erste Mal in aller Öffentlichkeit. „Als ich bei hohem Sonnenschein durch die Lagunen fuhr und auf den Gondelrändern die Gondoliere, leicht schwebend, bunt bekleidet, rudernd, betrachtete, wie sie auf der hellgrünen Fläche sich in der blauen Luft zeichneten, so sah ich das beste, frischeste Bild der venezianischen Schule", notierte Goethe. Er war überzeugt: „So muss der venezianische Maler alles klarer und heiterer sehn als andere Menschen."
Auch Nerly holte sich moralischen Rückhalt beim Dichterfürsten. Beider Treffen hat im März 1827 in Weimar stattgefunden. Nerly hielt fest, dass Goethe mit Vergnügen, aber auch zugleich mit Bewunderung von Malern gesprochen habe, die es nach Italien zog. In Goethes Tagebüchern findet sich jedoch nur ein anonymisierter Hinweis auf das Zusammentreffen. War dem damals 78-jährigen Dichter der gerade mal 21 Jahre alte Maler vielleicht zu unbedeutend, um mit Namen erwähnt zu werden? Wir werden es nie erfahren.
Sicher ist nur eines: Venedig ließ Nerly nie wieder los. Er lebte hier bis zu seinem Tod 1878. Einige Jahre später kehrte sein Werk heim nach Erfurt, wo er 1807 geboren worden war.

Aha

Lucius' Zahnstocher

Es gibt Fragen, mit denen kann man sogar alteingesessene Erfurter zum Grübeln bringen. Zum Beispiel diese: Was ist Lucius' Zahnstocher? Die Antwort ist mitten in der Stadt zu finden, in Form des 1890 eingeweihten Angerbrunnens. In dessen Mitte ragt ein Obelisk nach oben, der angebliche Zahnstocher.
Die Unternehmer-Familie Lucius lebte im heutigen Haus Dacheröden. Immer wieder spendete sie großzügig für gemeinnützige Zwecke. Als direkt gegenüber ihres Hauses ein Brunnen als Sinnbild für den wirtschaftlichen Aufstieg der Stadt gebaut werden sollte, waren die Kaufleute erneut als Hauptsponsor dabei. Das bescherte dem Obelisken alsbald seinen heute nahezu vergessenen Spitznamen.

Der Brunnen, im Hintergrund steht das einstige Haus der Familie Lucius.
Foto: Sascha Fromm

Aha

Deutschlands gruseligste Tiefgarage

Tiefgaragen eilt der Ruf voraus, dass sich in ihnen mitunter große Ängste einstellen. Ist das nur ein Schauermärchen? Zumindest in einer Erfurter Tiefgarage geht es wirklich gruselig zu. Wer am Hanseplatz durch eines der zur Garage gehörenden Treppenhäuser läuft, steht unvermittelt vor einer Glasscheibe, hinter der 5 Skelette liegen. Es sind die sterblichen Überreste von Hingerichteten. Noch bis ins 18. Jahrhundert hinein hatte sich hier eine Richtstätte befunden. Der sogenannte Rabenstein war vor dem Bau der Garage von Archäologen ausgegraben worden. Sie bargen mehr als 40 Skelette mit unverkennbaren Spuren. Einige der Menschen waren enthauptet worden. Anderen hatte man alle Knochen gebrochen, was man als Rädern bezeichnet.

Die Hinrichtungen wurden einst vor großem Publikum inszeniert. Als etwa anno 1756 drei Räuber geköpft und gerädert wurden, strömten 20.000 Gaffer zu diesem Schauspiel herbei. Unter anderem sollen 600 Studenten aus Jena angereist sein. Der Erfurter Chronist Constantin Beyer hielt fest, dass der Zustrom an diesem Tag vor allem an einem lag: am freien Entree.

Die Ausstellung der Gebeine hat musealen Charakter; die Besonderheit des Ortes soll gegenwärtig bleiben. Die Tiefgarage ist jedoch nur halböffentlich. Lediglich Anwohner dürfen einfahren.

So fanden die Archäologen fünf der Hingerichteten vor.
Foto: Mirko Krüger

Manchmal taucht sogar die Polizei in den Erfurter Seen ab, wie hier zu Übungszwecken.
Foto: Sascha Fromm

Aha

Am Lago di Alpi

Einfach mal die Seele baumeln lassen. Einfach mal baden oder angeln gehen. Einfach mal Boot fahren, segeln oder surfen. Um all dies erleben zu können, reisen Erfurter gern an die Mecklenburger Seenplatte. Mitunter begnügen sie sich aber auch damit, kurzentschlossen mit dem Fahrrad an den Lago di Alpi oder einen seiner Nachbarseen zu fahren. Nein, nein, dann sind die Erfurter natürlich nicht in Richtung der Alpen unterwegs – sondern nach Alperstedt. Das Dorf liegt nördlich der Stadtgrenze und ist zugleich Namensgeber eines Sees. Der Alperstedter See, eben. Oder, wie Insider sagen: der Lago di Alpi.

Mit einer Fläche von 66 Hektar ist er der größte der Erfurter Seen. Immerhin 17 Gewässer gehören zu dieser Seenplatte. Sie tragen so malerische Namen wie Entenpfuhl und Schwanenteich, einer ist sogar nach Luther benannt. Es handelt sich um Baggerseen. Sie entstanden durch Kiesabbau; einige werden weiterhin ausgebeutet, einige befinden sich überhaupt erst im Entstehen. Das Seengebiet, soviel steht fest, wächst also noch. Deshalb keimt bei manch Erfurter die Hoffnung, dass sich in nicht allzu ferner Zukunft ein blaues Band um den Norden der Stadt schmiegen könnte. 17 Seen, die idealerweise durch Kanäle miteinander verbunden sind …

Doch Experten wehren ab. Das sei nicht mehr als ein schöner Traum. Denn die Landschaft um die Seen ist alles andere als eben. Der Höhenunterschied zwischen den Wasserspiegeln beträgt 15 Meter. Die Kommunale Arbeitsgemeinschaft „Erfurter Seen" hat berechnet, dass zum Ausgleich neun Schleusen notwendig sind. Zudem müssten die Kanäle mehrere Straßen queren, die Autobahn sowie eine Bahnstrecke. Die anfallenden Kosten würden all jene Dimensionen sprengen, für die eine Stadt wie Erfurt und der angrenzende Landkreis Sömmerda gerade stehen können.

Zumindest für ausgedehnte Wander- und Radwege, welche die Seen verbinden, war und ist Geld da. Immerhin!

Es blinkt kein einsam Segel – im Hintergrund sind Kiesberge zu erkennen.
Foto: Marco Kneise

Jedes Jahr im August findet auf dem Alperstedter See ein Drachenbootrennen statt.
Foto: Sascha Fromm

Aha

Ein Supermodel namens Marina

Besucher des Erfurter Zooparks strömen normalerweise wegen der lebenden Tiere hierher. Mittlerweile kommen sie aber auch angesichts eines Skeletts nicht mehr aus dem Staunen heraus. Im alten Elefantenhaus begrüßt sie Marina. Obwohl die Elefantenkuh längst tot ist, wirkt sie noch immer, als sei sie quicklebendig. Die Dame steht nicht einfach nur breitbeinig auf allen Vieren. Sie scheint vielmehr zu laufen. Marina schreitet wie ein Supermodel, immer ein Bein vor das andere setzend.

Rückblende. Erfurt, in der Nacht auf den 31. Juli 2003. Marina stirbt. Sie ist 45 Jahre alt; seit 1960 hatte sie in Erfurt gelebt. Der Zoo verliert sein weithin bekanntestes Tier. Irgendwann am Vormittag hört der Jenaer Zoologe Prof. Dr. Martin Fischer davon im Radio. Einige hektische Telefonate folgen. Ob es möglich sei, Skelett und Organe der Kuh wissenschaftlichen Zwecken zuzuführen? Es kam auf jede Stunde an, sagt Fischer. Immerhin, der Tag war brütend heiß und die Elefantenkuh längst in der Abdeckerei.

Der Thüringer Zoopark gibt gegen Mittag sein Ja. Zwei Stunden später trifft Fischer nebst Mitarbeitern und Studenten in Erfurt ein. Zu elft beginnen sie, das rund 3.500 Kilogramm schwere Tier zu fleischen. Kehlkopf und Augen, Herz und Ohren sollen gerettet werden, dazu das vollständige Skelett. Ein Knochenjob, im doppelten Wortsinne. Er währt bis in die tiefe Nacht.

Knappe zwei Jahre später schien es, als sei Marina auferstanden. Mit leicht gesenktem Schädel stand, nein, lief sie durch das Phyletische Museum von Jena. Ihre besondere Körperhaltung hatte sie Fischers Spezialgebiet zu verdanken – Bewegungsstudien. Sein Team hatte immer wieder Marinas Artgenossen im Erfurter Zoo studiert, um ihr Skelett so natürlich wie möglich aufstellen können. Im März 2018 kehrte Marina nach Erfurt zurück.

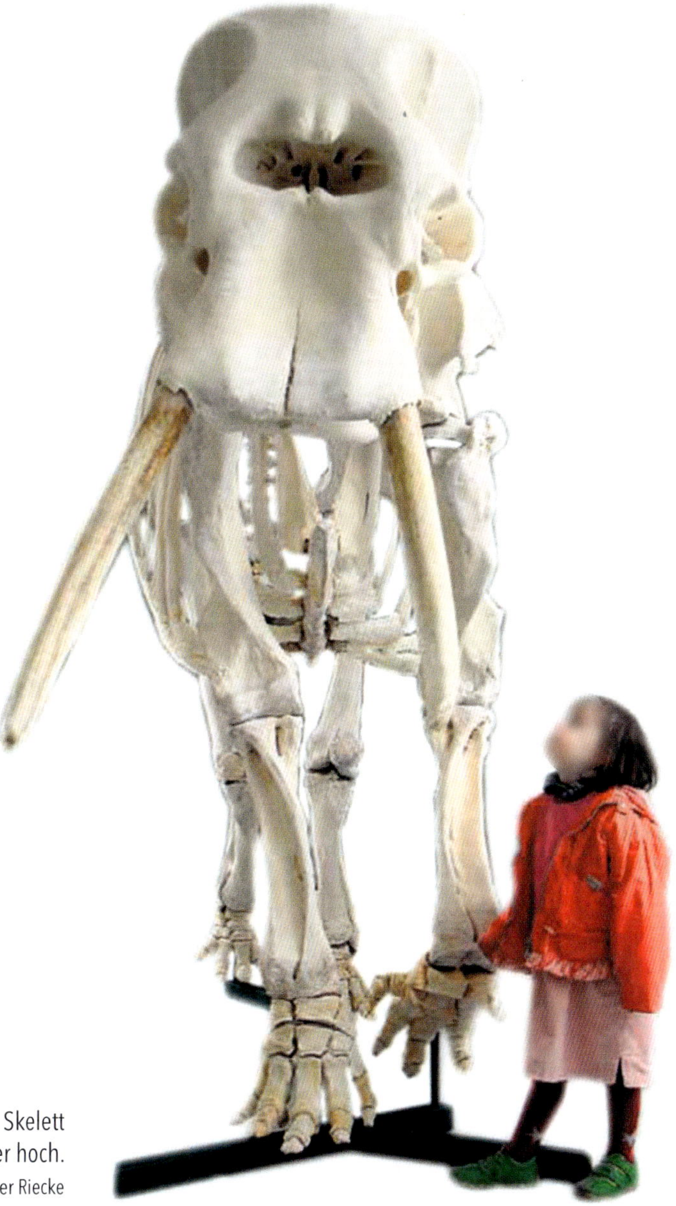

Marinas Skelett
ist 2,5 Meter hoch.
Foto: Peter Riecke

Aha

Von der Gera an die Nordsee

Liegt Erfurt am Meer?
Nein, die Landeshauptstadt liegt an der Gera. Und dieses Flüsschen ist, nun ja, ein eher seichtes. Manchmal reicht einem das Wasser nicht mal bis an die Knie.
Dennoch, vor einem Jahrhundert, da rückte die Stadt dem Meer zumindest gedanklich näher. 1920 ließ die Handelskammer ein Konzept erstellen, Erfurt über Kanäle mit der Nordsee zu verbinden. 19 Schleusen hätten dafür gebaut werden müssen, ein Hafen sollte entstehen.
Dann kamen die große Weltenkrise, der Faschismus und schließlich die DDR.
Aus der Traum. Für immer.
Für immer?
Nicht ganz. Wer die nötige Kondition und Zeit besitzt, könnte sich auf der Gera in ein Kajak setzen und von hier über die Unstrut, die Saale und schließlich die Elbe bis zur Nordsee paddeln. Tatsächlich hat ein Erfurter im Jahr 2014 genau diese Tour gewagt. Gute zwei Wochen war er bis Cuxhaven unterwegs. Dann saß sein Boot plötzlich im Schlick der Nordsee fest – wegen Ebbe.
Manchmal ist eben auch das große Meer genauso seicht wie die Erfurter Gera.

Aha

Frankenstein und der Totentanz

Im Jahre 1818 erschien die Erstausgabe von „Frankenstein". Der Roman von Mary Shelley gilt bis heute als Inbegriff der Gruselgeschichte. Nahezu unbekannt ist indes, dass die Engländerin auch Erfurt literarisch verewigt hat.
Im Sommer des Jahres 1842 unternimmt die Schriftstellerin eine Bildungsreise durch Deutschland. In Thüringen ist Mary Shelley auf Luthers Spuren unterwegs. Sie sucht auf der Wartburg nach jenem legendären Fleck, den der Reformator beim Wurf eines Tintenfasses nach dem Teufel verursacht haben soll. Sie reist nach Gotha, woher der Gemahl ihrer Königin stammt. Sie sieht von der Stadt zwar nicht allzu viel, hält aber in ihrem Tagebuch fest: „Schon in der bloßen äußeren Erscheinung dieser protestantischen Städte liegt etwas Erfreuliches."
Weiter geht's nach Erfurt; das Pilgern ins Augustinerkloster erledigt sie „pflichtschuldigst" am 22. Juli 1842. „Luthers Zelle ist erhalten, als würde er in ihr leben." Shelley besucht auch das in einem Klostergebäude untergebrachte Waisenhaus. „Eine Galerie äußerst seltsamer Gemälde befindet sich darin, auf denen der Tod dargestellt wird, wie er Männer und Frauen in jedwedem Augenblick bei jedweder Beschäftigung ereilt: die Schönheit bei der Toilette, den Geizigen beim Geldzählen, den Helden in der Stunde seines Sieges, den König auf seinem Thron, die Mutter beim Nähren ihres Erstgeborenen, die Braut im Stolz auf ihren Ehemann."
Nachvollziehen können wir dieses besondere Kunsterlebnis längst nicht mehr. Der Erfurter Totentanz fiel 1872 einem Brand zum Opfer. Mary Shelleys Reisebericht war bereits 1844 erschienen, allerdings nur in englischer Sprache. Deutsche Ausgaben liegen erst seit kurzem vor.

Aha

Gründe, dass einem in Erfurt der Mund offen stehen bleibt, gibt es viele. Manche Erfurter sperren sogar schon seit Jahrhunderten ihr Maul auf. Etwa in der Johannesstraße, am Haus zum Mohrenkopf.
An der Fassade des prächtigen Renaissance-Gebäudes ist ein großer Schädel befestigt. Indes, es ist nicht das Abbild eines aus Schwarzafrika stammenden Mitbürgers, das von dieser Hauswand grüßt. Nein, der Bursche ist hellhäutig, er trägt zwei Schlangen im Haar – und er hält den Mund weit aufgerissen.
Er ist so etwas wie ein Bierausrufer. Früher stopfte man ihm immer dann, wenn im Haus frisches Bier gezapft wurde, zu Werbezwecken ein Bündel Stroh in den Mund. Derartige Bierlöcher gibt es viele in der Altstadt zu entdecken. Sie markieren die einstigen Häuser der Biereigen. So nannte man in Erfurt all jene Bürger, die das Brau- und Schankrecht besaßen.

Die Bierlöcher

Bierlöcher in der Johannesstraße und in der Regierungsstraße. Der Strohwisch steckt in der Marktstraße.

Fotos: Mirko Krüger

Aha

Die Nonnen und das Bier

Mitten auf dem Anger gelang der am weitesten zurückreichende, archäologische Nachweis einer Brauerei in Thüringen. Sie befand sich im heutigen Ursulinenkloster. Die Ausgräber legten im Jahre 2015 einen Ofen frei, in dem sie Reste von gekeimter Gerste entdeckten. Offenbar sollten die Körner gedarrt werden. Der Ofen stammt aus dem 16. Jahrhundert.
Schriftliche Nachweise für eine Braustätte im Kloster reichen noch weiter zurück. So ist in einem Brief von 1444 davon die Rede, dass das zum Kloster gehörende Brau- und Backhaus baufällig sei.
Das Kloster war 1136 von Augustiner-Chorfrauen gegründet worden. Die Ursulinen übernahmen es 1667.

Populärer

Irrtum

Erfurt fehlen zwei Kirchtürme

Ein Phantomschmerz ist ein ziemlich verrücktes Leiden. Wir empfinden Schmerzen an einem Körperteil, das amputiert wurde. Immer mal wieder leidet auch Erfurt an einem Phantomschmerz. Nicht wenige Landeshauptstädter schwärmen gern von jenen beiden Kirchtürmen, die einst den Petersberg bekrönt haben. Sie wünschen sich Türme zurück, die sie selbst noch nie gesehen haben. Vielleicht hat Erfurt aber auch fünf Kirchtürme zu viel.

Baufällig und abgebrannt oder geschlossen und abgerissen. Die Erfurter, so scheint es, machten in früheren Jahrhunderten wenig Federlesens mit ihren Gotteshäusern. In die Johanniskirche etwa, deren Bau erst 1486 vollendet war, wollte bereits 39 Jahre später keiner mehr so recht pilgern. Kaum waren Bauernkrieg und Reformation über die Stadt eingebrochen, wurde das Gotteshaus für sakrale Zwecke verriegelt und verrammelt – wie viele andere im Stadtgebiet. Noch aber blieb wenigstens die Bauhülle erhalten. Erst knapp drei Jahrhunderte später brach man das Kirchenschiff ab. Seither bohrt sich der Kirchturm als letzter Zeitzeuge einsam in den Erfurter Himmel.
Damit steht der Turm nicht allein da. Sowohl an die Georgs- und die Nikolaikirche als auch an die Pauls- und die Bartholomäuskirche erinnern nur noch deren Glockentürme.
Dass den Erfurtern zumindest ihre Türme lieb und teuer sind, gilt spätestens seit dem hohen Mittelalter als Binsenweisheit. Erfordia turrita wurde die Stadt damals genannt. Turmreiches Erfurt. Und so dokumentiert auch die erste bekannte Abbildung Erfurts (siehe Seite 31) – sie stammt aus dem Jahre 1493 – die zackige Silhouette der Stadt. Wer heutzutage vom Petersberg aus über Erfurt blickt, kann sich jederzeit am Original erfreuen. Erfordia turrita, eben.

Georgsturm

Bartholomäusturm

Paulsturm

Dabei sind die Türme zunächst nichts anderes als der Ausdruck eines im 13. Jahrhundert einsetzenden Konkurrenzkampfes der hier ansässigen Orden und Pfarreien. In der Stadt entbrannte ein Wettstreit um das schönste, kühnste, höchste und vor allem auch prächtigste Gotteshaus … Stifte und Klöster entstanden, Kirchen und Kapellen. Erfurt wirkte wie ein kleines Rom.

Aus Sicht der Denkmalpflege ist deshalb der Wert der fünf einsamen Kirchtürme gleich aus zwei Gründen unstrittig. Sie prägen nicht nur das Bild Erfurts. Zudem sind sie gerade wegen des wechselvolles Dasein zwischen Aufbau und Abriss der Kirchen zu wertvollen Zeugnissen der Stadtgeschichte geworden.

Das gilt im Grunde auch für die einstigen Türme der Peterskirche auf dem Petersberg. Wie aber sahen jene Zwillinge aus? Nicht einer der heute lebenden Thüringer hat diese Kulisse je im Original gesehen. Wir kennen sie nur von uralten Zeichnungen. Schließlich waren die beiden Türme des zur Zitadelle gehörenden Klosters 1813 bombardiert worden. Wenig später musste man sie bis auf die Grundmauern abreißen. Exakte Baupläne der

Diesen fünf Kirchtürmen kamen über die Jahrhunderte die dazugehörigen Kirchen abhanden.
Fotos: Mirko Krüger

Türme sind nicht überliefert. Die vorhandenen, künstlerischen Abbildungen wiederum geben deren Gestalt recht unterschiedlich wieder.
Wer heutzutage um die Peterskirche wandert, kann sich zumindest noch an den beiden, mehrere Meter hohen Stümpfen der einstigen Türme erfreuen. Sie geben der zur Stadt zeigenden Stirnseite der Kirche noch immer Halt. Allerdings wurden die Turmreste bereits zwischen 1814 und 1820 überbaut. Heutzutage, rund 200 Jahre später, gilt allein schon dieser Um- und Rückbau als schützenswert. Er ist selbst zum Denkmal geworden.
Dennoch ist es möglich, dass in der Zukunft wieder Türme an der Peterskirche emporwachsen. Sie könnten als moderne Rekonstruktion losgelöst vom Baukörper der Kirche entstehen. Sie stünden also vor der Kirche, aber immerhin in der originalgetreuen Flucht.
Vorerst aber bleibt es in Erfurt dabei, dass lediglich fünf Türme als Solisten gen Himmel stechen. Kirchtürme, die wichtig für das Antlitz wie die Historie dieser Stadt sind. Und die man, vorüberhastend im Alltag, allzu oft nicht mal mehr bewusst wahrnimmt …

Aha

Erfurter Fuß

Der Erfurter an sich ist bescheiden. Er macht nicht allzu viele Worte, er lebt nicht gern auf großem Fuß. Doch wie groß ist der Erfurter Fuß überhaupt? Zumindest Baumeister wissen es ganz genau. Ein Erfurter Fuß entspricht exakt 282 Millimetern. Nichts anderes ist mit einem Erfurter Fuß gemeint, als ein historisches Längenmaß. Es wurde im 17. Jahrhundert unter anderem beim Bau der Festung Petersberg verwendet – ebenso wie in späteren Jahren der Mainzer Werkschuh, der preußische Fuß und der Pariser Fuß. Diese Füße sind übrigens bis zu vier Zentimeter länger als der Erfurter.

Aha

Zumindest ein Teilstück der Stadtmauer hat die Zeitläufe überdauert. Es steht im Mündungsbereich von Johannesstraße und Juri-Gagarin-Ring.
Foto: Sascha Fromm

Die älteste Stadtmauer Deutschlands

Der Zerstörungswut eines Thüringer Landgrafen sei Dank. Hätte Ludwig II. im Jahre 1165 nicht die Stadtmauern von Erfurt geschleift, wäre deren Existenz eventuell erst für einen viel späteren Zeitpunkt belegbar geworden. Im Gegensatz zur Errichtung der Mauer war zumindest ihre Zerstörung den damaligen Chronisten eine Notiz wert. Die Mönche des Petersklosters hielten den barbarischen Akt in ihren Annalen fest. Drei Jahre später ist dort dann ebenso zu lesen: „Murus Erfordie restauratur". Die Mauer wurde wiederhergestellt.
Beide Notizen belegen: Erfurts steinerne Stadtmauer ist die älteste sicher datierte mittelalterliche Stadtmauer im deutschsprachigen Raum. Die nächstälteste Mauer ist die von Aachen. Sie wurde erstmals 1171erwähnt.
Erfurt war schon lange vor 1165 befestigt. So ist für das Jahr 1080 die kriegerische Zerstörung eines die Stadt umgebenden Walls nachgewiesen. Eine Rekonstruktion dieser Anlage befindet sich im Bestand des Stadtmuseums.

Aha

Dieses Erfurter Schild steht in der Rüstkammer des Metropolitan Museums.
Foto: The Met

Erfurt in New York

Erfurt ist, nein, nicht die Landeshauptstadt von Thüringen. Sondern die von Sachsen … Wie bitte? Sie glauben das nicht?
Wir sind in New York, besuchen das weltberühmte Metropolitan Museum, laufen durch die Rüstkammer.
Plötzlich blitzt die Heimat auf. Zwei mittelalterliche Schilde wurden in der Ausstellung aufgepflanzt. Tiefrot sind sie, wehrhaft und ein Standeszeichen zudem. Immerhin prangt mittendrauf das Erfurter Rad. Das Wappen der Stadt.
Dann aber fällt irgendwann der Blick von den beiden mannshohen Schilden auf die vom Museum beigefügte Beschreibung. „This shield comes from the arsenal of Erfurt, in Saxony" steht da geschrieben …
Dieses Schild stammt aus der Waffenkammer von Erfurt, in Sachsen.

Aha

Drei Katzen als Opfer

Was haben drei mumifizierte Katzen mit der über Erfurt thronenden Zitadelle Petersberg zu tun? Seit 1996 lässt sich die Antwort direkt auf dem Petersberg selbst finden. Damals eröffnete dort eine kleine militärhistorische Ausstellung. Sie zeigt nicht nur, was man ohnehin erwarten würde – etwa alte Uniformen, Kanonenkugeln und Säbel –, sondern auch besagte drei Katzen.
Die Tiere waren erst kurz zuvor bei Abrissarbeiten unter den Dielen eines alten Patronenhauses entdeckt worden. Dort hatte man die Katzen einst in einem kleinen Verschlag lebendig eingemauert – als Bauopfer. Die Ausstellung kann nur im Rahmen von Führungen der Erfurter Tourist-Info besichtigt werden.

Gully mit
Erfurter Stadtwappen.
Foto: Mirko Krüger

Aha

Gusseiserne Visitenkarten

Sie wiegen rund 60 Kilogramm und bestehen zumeist aus Gusseisen. Das macht sie begehrt. Bei Dieben, die auf Altmetall erpicht sind. Immer mal wieder machen Meldungen die Runde, dass in europäischen Städten teils Hunderte Kanaldeckel gestohlen werden. Erfurt ist bislang verschont geblieben. Mehr als 23.000 der gusseisernen Abdeckungen gibt es in Erfurt. Vor allem in der Altstadt wimmelt es geradezu von altehrwürdigen Exemplaren. Einige stammen noch aus der Gründerzeit. Damit dürften die hiesigen Gullys durchaus Begehrlichkeiten wecken. Etwa die von Sammlern. Aber zum Glück lassen sich die gewichtigen Kanaldeckel nicht in ein Album quetschen.
So kann sich ein jeder Passant an ihrem Anblick erfreuen. Es sei denn, man läuft allzu hochnäsig durch Straßen und Gassen …

Der Kaffeetrichter.
Das linke Gebäude
entstand an Stelle
des Cafés.
Foto: Marco Kneise

Aha

Der Kaffeetrichter

Der Platz, auf dem sich die Schillerstraße und die Arnstädter Straße treffen, heißt im Volksmund einfach nur Kaffeetrichter. Der Name ist zwar in keinem offiziellen Straßenverzeichnis gelistet. Aber immerhin haben die städtischen Verkehrsbetriebe eine Haltestelle nach dem Kaffeetrichter benannt.
Der außergewöhnliche Name geht zurück auf das einstige „Café Trichter", welches von einer Familie Trichter betrieben worden ist. Es befand sich an einer Ecke der Kreuzung, fiel jedoch im Weltkrieg einem Bombentreffer zum Opfer. Nach dem Krieg wurde das Café zumindest teilweise neu aufgebaut. Das Lokal erfreute sich großer Beliebtheit, lag es doch für viele Ausflügler auf halbem Weg in den Steiger. Hier nahm man gern zwischendurch einen Kaffee oder eine Brause zu sich.
Zu DDR-Zeiten kam das Haus immer mehr herunter. 1993 wurde es abgerissen und durch ein Büro- und Geschäftsgebäude ersetzt.

Aha

Deutschlands älteste Nudelbude

Wer hat's erfunden? Zumindest bei Nudeln scheint die Frage geklärt zu sein. Die Chinesen waren es; nicht aber die Italiener – und schon gar nicht die Erfurter. Trotzdem dürfen wir stolz auf unsere Teigwaren sein: Der älteste Nudelhersteller Deutschlands ist eine anno 1793 in Erfurt gegründete Fabrik. Ihr Stammvater war der Sohn eines Bierbrauers aus Stendal, der in jenem Jahr das Erfurter Bürgerrecht erhalten hatte: Johann Peter Belling.

Anfangs produzierte das Unternehmen an verschiedenen Standorten, etwa an der Krämerbrücke sowie in Ilversgehofen. 1884 entstand eine Fabrik im Bereich der heutigen Stauffenbergallee. Hier blieb die Nudelbude, wie wir Erfurter sie nennen, bis 1996. Mittlerweile befindet sich in der alten Fabrikhalle ein Supermarkt.

Das Werk ist in einen Neubau umgezogen, in die Eugen-Richter-Straße. In mehr als 100 Ausformungen bietet die Erfurter Teigwaren GmbH inzwischen ihre Nudeln an. Allerdings kann man sie nicht unter einem Erfurter Markennamen kaufen. Produziert wird allein für Großabnehmer, welche diese Nudeln als eigene Handelsmarken anbieten.

Erfurt fehlt im Wappen

In der Weimarischen Straße steht einer der besterhaltenen Hoheitssteine des alten Thüringens. Das Wappen zeigt sieben silberne Sterne auf rotem Grund. Die Sterne stehen für jene sieben Staaten, aus denen Thüringen im Jahre 1920 gebildet worden ist. Ausgerechnet Erfurt gehört jedoch nicht dazu. Die Stadt war damals noch Teil von Preußen.
Die Hoheitssteine waren 1927 an Straßen im Grenzbereich zwischen Thüringen und Preußen aufgestellt worden. Dadurch wollte das junge Land sein Selbstbewusstsein demonstrieren. Auch am westlichen Stadtrand von Erfurt ist ein solcher Stein erhalten geblieben; freilich befindet er sich in einem schlechten Zustand. Er steht an der B 7 zwischen Frienstedt und Gamstädt. Erst 1945 kam Erfurt zum Land Thüringen hinzu. Prompt wurde dem Landeswappen ein achter Stern hinzugefügt, dazu gesellte sich fortan an auch ein Löwe.

In der Weimarischen Straße steht dieser restaurierte Hoheitsstein.
Foto: Mirko Krüger

Aha

Die älteste Bimmel

Die „92" wurde 1938 in Gotha gebaut.
Foto: Mirko Krüger

Straßenbahnen rattern bereits seit dem 19. Jahrhundert durch Erfurt. Alles begann 1883 mit einer klassischen Pferdebahn. Auf immerhin zwei Strecken waren deren Wagen unterwegs. Die Rote Linie pendelte zwischen Johannesplatz und Flora. Die Grüne verband den Anger mit dem Schießhaus (unterhalb des Steigers). Auch heute werden diese Ziele noch angefahren, allerdings auf teils gänzlich anders verlaufenden Routen.
Mehr als 50 Millionen Fahrgäste befördern die Erfurter Verkehrsbetriebe (EVAG) inzwischen pro Jahr – mit Bus und Bahn. Im Fuhrpark blieb bis heute eine 1938 gebaute Straßenbahn erhalten. Die Bimmel mit der Wagennummer „92" ist das überhaupt älteste Gefährt der EVAG. Ab und an ist sie noch für Sonderfahrten auf dem Schienennetz unterwegs. Wer mag, kann die komplette Bahn mieten. Allerdings ist das Vergnügen angesichts von lediglich 24 Sitzplätzen kein billiges. Eine Stadtrundfahrt von anderthalb Stunden kostet 470 Euro (Stand vom Mai 2018).

Aha

Das Beinahe-Welterbe

Wäre, hätte, könnte … Das beliebte Spiel mit allerlei Eventualitäten, es kennt eine sehr spezielle Lesart in Erfurt. Und die geht so: Wäre der Erste Weltkrieg nicht ausgebrochen, hätte Henry van de Velde ein neues Museum in der Stadt errichtet. Dieses wiederum könnte längst zum Weltkulturerbe gehören.

Ein Hauch zu viel an Lokalpatriotismus? Vielleicht ja, eventuell auch nicht …

Tatsächlich hat van de Velde viele architektonische Spuren in Thüringen hinterlassen. Allen voran die Kunstgewerbeschule Weimar. Der Jugendstil-Bau wurde 1996 als Bauhaus-Stätte zum Welterbe erklärt. Gut möglich, dass ein von ihm entworfenes Erfurter Museum ähnliche Weihen erfahren hätte. Immerhin waren bereits Zeitgenossen überzeugt, dass dieses Projekt „der architektonisch reichste Plan van de Veldes" gewesen sei. So zumindest ordnete es Edwin Redslob ein, damals Direktor des Erfurter Angermuseums.
Gleichwohl gab es reichlich Widerstand, wie der einstige Stadtarchivar Alfred Overmann überliefert: „Die Vertreter des Alten wollten von diesem modernen Bau nichts wissen." So geißelte ein Erfurter Architekt die Entwürfe als „großspuriges sowie häßliches Projekt, das ein zweifelhafter Ausländer aus dem Ärmel schüttelte".
Der Ausländer war Belgier.
Bis heute haben elf Entwurfszeichnungen von Henry van de Velde im Erfurter Stadtarchiv die Zeitläufe überdauert. Sie sind auf den 28. Februar 1914 datiert. Markige Stempel des Erfurter Hochbauamtes bestätigen den Eingang. Wenige Monate später brach der Erste Weltkrieg aus. An eine Umsetzung der Entwürfe war nicht länger zu denken. Der in Weimar lebende „zweifelhafte Ausländer" verließ alsbald Deutschland.

Aha

Sportwagen aus Erfurt

Dieser „Koco HK1" wurde 1922 gebaut. Die zweisitzige Karosserie entspricht der damals beliebten Torpedo-Form. Der Oldtimer ist im Besitz der Wolfsburger Autostadt.
Fotos: Mirko Krüger

Automobile aus Thüringen, da denkt man natürlich sofort an Eisenach. Aber auch in Erfurt wurden schnittige Autos produziert. Hier hatte der vormalige Dixi-Ingenieur Carl Koch 1919 die „Kleinauto- und Motorenwerke Koch & Co" – kurz: Koco – gegründet. Bereits im folgenden Jahr stellte Koch seinen ersten Zweisitzer vor. Der „HK1" verfügte über einen Boxermotor mit zwei Zylindern. Koch setzte seine Autos von Anbeginn bei den damals beliebten Bergrennen ein; die erzielten Erfolge wurden offensiv in der Reklame vermarktet.
„Rassig in Formgebung und Leistung, vorzüglicher Bergsteiger, billigster Gebrauchtwagen der Gegenwart", so lautete die Werbebotschaft von Koco anno 1921. Doch bereits 1926 musste sich Koch dem Konkurrenzdruck geschlagen geben. Die Erfurter stellten die Herstellung von Pkw ein. Rund 800 Fahrzeuge waren gebaut worden.

Aha

Topf & Söhne

„Topf & Söhne". Allein schon das Nennen dieses Namens lässt einigen Menschen das Blut in den Adern gefrieren. Die Erfurter Firma hat industrielle Anlagen für den Massenmord der Nazis entworfen und gebaut.

„Stets gern für Sie beschäftigt ...", so steht es in meterhohen Lettern am ehemaligen Fabrikgebäude im Sorbenweg. Mit diesem Satz bestätigte „Topf & Söhne" der Waffen-SS den Bau von Krematorien in Auschwitz. Auch für das KZ Buchenwald lieferten die Erfurter ihre Öfen. Seit 2011 befindet sich im Firmengebäude ein Erinnerungsort. Ausstellungen und Veranstaltungen widmen sich nicht bloß der Frage, wer die Mittäter und Mitwisser am Massenmord waren. Die Gedenkstätte wirft zugleich die Frage nach der Verantwortung des Einzelnen auf.

Gewusst hat es angeblich keiner, sagt Hartmut Topf. Aber mitgemacht, das haben fast alle. Damals, als er selbst noch in den Kinderschuhen steckte ... Es sei, so sagt der Urenkel des Firmengründers, für ihn eine Frage von Anstand und Ehre, sich mit diesem düsteren Kapitel seiner Familiengeschichte zu beschäftigen.

Die Fassade des einstigen Firmensitzes ziert eine an die SS gerichtete Grußformel.
Foto: Sascha Fromm

Aha EXTRA

Hochburg der Hochstapler

Erfurt war Schauplatz vieler spektakulärer Verbrechen. Immer wieder spielten sich Morde ab, Überfälle, Brandstiftungen und Entführungen. Dafür, dass Erfurt weit über die Stadtgrenzen hinaus ins Gespräch kam, sorgten freilich ganz andere Kriminelle. In den 20er und 30er Jahren des vorigen Jahrhunderts entdeckten drei Hochstapler die Stadt als ideale Ausgangsbasis für ihre Karriere. Ihre Abenteuer füllen mehrere Bücher; auch ein Spielfilm und ein Musical entstanden.

Fall 1: Die Prinzessin von Preußen
Von 1921 bis 1925 gelingt es einer Martha Barth, zahlreiche Thüringer mit der frei erfundenen Geschichte einer fallengelassenen Adeligen nachhaltig zu täuschen. Ihre Opfer findet die Hochstaplerin vor allem in Erfurt, aber auch in Ilmenau, Stützerbach und Gießübel. Mal tritt sie als preußische Prinzessin auf, mal als Baronesse oder als Gräfin, gelegentlich auch als Pastorenwitwe.

Fall 2: Der Titanic-Offizier
1926 begibt sich ein Erfurter Seemann in eine äußerst erlauchte Gesellschaft. In keinem geringeren Verlag gibt Max Dittmar seine Memoiren heraus, als bei Koehler in Leipzig. Hier hatten bereits der deutsche Großadmiral Alfred von Tirpitz sowie der britische Marineminister Winston Churchill veröffentlicht. Nun also Max Ditmar, ein Kapitän a. D. „Ein Menschenalter auf dem Meere" titelt sein Buch. Wirklich von Belang an ihm sind freilich nur die Schilderungen weniger Tage, eigentlich sogar die einer einzigen Nacht. Es ist jene Nacht, in der 1503 Passagiere und Besatzungsmitglieder der Titanic ertrinken.
Dittmar gibt sich in seinen Memoiren nicht nur als Navigationsoffizier der Titanic zu erkennen. Vielmehr inszeniert er sich sogleich als ein Offizier, der die Rettungsmaßnahmen mit Übersicht und Mut geleitet hatte. Kein einziger Passagier, so

behauptet der angebliche Titanic-Offizier, hätte sterben müssen, wenn, ja wenn der Kapitän Dittmars seemännischer Erfahrung vertraut hätte. „Captain! I smell ice!" Kapitän! Ich rieche Eis! Doch statt unverzüglich seinem Winke zu folgen, habe der Kapitän die Fahrt des Dampfers nicht verringert. „Das Geschäftsinteresse der Schiffahrtsgesellschaft wollte es anders."
Mit seiner Schilderung des Titanic-Desasters wird der Erfurter in Deutschland sofort zum gefragten Kronzeugen wider den vermeintlichen Erbfeind zur See. Immer wieder hält er in den nächsten Jahren Vorträge. Dabei lernt Dittmar den Schriftsteller Josef Pelz von Felinau kennen, der ihn als Berater für einen Titanic-Roman engagiert. Das Buch erscheint 1939 und rückt Dittmar alias Pittmann als Helden in den Mittelpunkt. Als vier Jahre später die Titanic auf deutschen Kinoleinwänden versinkt, steht Dittmar-Pittmann nicht mehr auf der Brücke. Dennoch: Die Person des an seine Stelle gerückten Petersen verkörpert zweifelsohne den Erfurter. Die Namensänderung war unausweichlich geworden. Längst war einem kleinen Kreis von Entscheidungsträgern bekannt, dass die Memoiren nichts als Seemannsgarn waren. Dittmar ist zu diesem Zeitpunkt bereits tot.

Fall 3: Der Prinz von Preußen

Das Hotel Kossenhaschen (Erfurter Hof), im Spätherbst des Jahres 1926. Im vornehmsten Haus der Stadt quartiert sich ein junger, schmächtiger Mann ein. Er heißt Harry Domela. Er nennt sich Baron von Korff. Geschickt lässt er von einem Vertrauten das Gerücht streuen, der Baron reise inkognito; er sei tatsächlich Enkel des Kaisers. Prompt bittet ihn der Hoteldirektor, sich im Goldenen Buch einzutragen. Artig unterschreibt Domela als „Wilhelm, Prinz von Preußen". Binnen Tagen liegen der angeblichen Hoheit die Honoratioren zu Füßen – und dies weit über die Stadtgrenzen hinaus. Bürgermeister bitten Domela, Elektrizitäts- und Wasserwerke zu besichtigen. Eigens für ihn wird eine Jagd organisiert. In Gotha wird Domela eine Theaterloge reserviert. Er kommt zur Vorstellung zu spät. Niemand wagt, vorher den Vorhang zu öffnen.
Der Hochstapler wohnt wochenlang in den besten Hotels von Erfurt, Gotha und Eisenach – als Ehrengast. Im Dezember wird dem Hochstapler dann doch der Boden zu heiß. Er stiehlt sich von dannen. Binnen Tagen wird er zu einem der meistgesuchten Kriminellen der Weimarer Republik. Im Sommer 1927 wird ihm der Prozess gemacht. Die meisten der Gefoppten stellen aus Scham keine Anzeige. So muss Domela lediglich sieben Monate in Haft. Im Zuchthaus schreibt er seine Memoiren. 1978 wurde am Erfurter Theater das Musical „Prinz von Preußen" aufgeführt.

Dieses Bild von sich stellte der
Seemann Max Dittmar seinem 1926
erschienenen Buch voran.

Populärer Irrtum

Willy Brandt wohnte in der 222

Es waren nur wenige Minuten, die sich der deutsche Bundeskanzler am 19. März 1970 im Hotelzimmer 222 des Erfurter Hofs aufgehalten hatte. Dieser Moment aber beschert dem Raum bis heute seinen Namen: Willy-Brandt-Zimmer. Sein wahres Arbeitszimmer lag eine Etage höher sowie auf der Rückseite des Hotels.

Legendärer Moment:
Der Bundeskanzler 1970 am Fenster des Erfurter Hofs.
Foto: Manfred Fromm

1990 kehrte Willy Brandt noch einmal in jenes Zimmer zurück, von dem aus er die Erfurter 1970 gegrüßt hatte.
Foto: Sascha Fromm

Der Erfurter Hof bei Nacht.
Die drei Fenster des Brandt-Zimmers sind erleuchtet.
Foto: Peter Riecke

Aus dem Hotelzimmer
wurde ein Beratungsraum.
Foto: Peter Riecke

Die Leuchtschrift ist unübersehbar – zumindest nachts. 21 meterhohe Buchstaben strahlen all jenen entgegen, die über den Vorplatz des Erfurter Hauptbahnhofs flanieren. „Willy Brandt ans Fenster".
Doch wo ist Willy? Suchend gleitet der Blick über die Fassade des „Erfurter Hofs". Und schon beginnt das große Rätselraten. Aus welchem der einstigen Hotelfenster hatte der Bundeskanzler anno 1970 die Thüringer gegrüßt? Gewiss, es war ein kurzes Winken nur, aber eben eines, das in die Geschichte der Deutschen einging. Vor ein paar Jahren noch hatte ein Porträt-Foto von Brandt ebenjenes Fenster markiert. Man hat das Bild im Zuge einer Modernisierung entfernt. So suchen die Augen munter weiter und bleiben an drei Fenstern des einzigen nachts beleuchteten Raums hängen. Alteingesessene wissen: Sie gehören zum einstigen Hotelzimmer 222. Zum Brandt-Zimmer, also.
Erfurt, am 19. März 1970. Mit Willy-Willy-Rufen hatten Hunderte vor dem Erfurter Hof das Protokoll des ersten deutsch-deutschen Gipfeltreffens auf dem Boden der DDR durcheinander gebracht. Gemünzt waren die Rufe jedoch nicht auf den DDR-Ministerpräsidenten Willi Stoph, sondern auf Bundeskanzler Willy Brandt. Den Bürgern muss sehr schnell klar gewesen sein, dass die Namen zu verwechseln waren. So wurde aus den anfänglichen Willy-Rufen ganz schnell ein eindeutiges „Willy Brandt ans Fenster".
Der Bundeskanzler tat den Erfurtern diesen Gefallen. Er ließ sich ins Zimmer 222 führen … Ein kurzes Winken zu den Massen auf dem Bahnhofsvorplatz, und das war es dann auch schon. Das eigentliche Zimmer des Politikers trug die Nummer 249, es lag eine Etage höher sowie nach hinten – der Ruhe und Abgeschirmtheit wegen. 20 Jahre später fragte sich Willy Brandt: „Der Tag von Erfurt. Gab es einen in meinem Leben, der emotionsgeladener gewesen wäre?"
Die „222" des zum Geschäftshaus umgewidmeten Hotels wird inzwischen von der Tourismus Gesellschaft Thüringen genutzt – als Beratungsraum.

Aha EXTRA

Erfurt. Eine Zeitreise

531 Die Franken überfallen das Thüringer Königreich. Es geht nach einer nicht näher lokalisierten Entscheidungsschlacht unter, welche irgendwo an der Unstrut stattgefunden haben soll. Archäologische Funde lassen vermuten, dass sich in Erfurt einer der drei Königshöfe befunden hat. Am Roten Berg wurde ein prächtig ausgestattetes Frauengrab entdeckt; eventuell gehört es der Mutter der von den Franken als Beute heimgeführten Prinzessin Radegunde.

742 Ersterwähnung von Erphesfurt in einem Brief des Missionars Bonifatius an Papst Zacharias. Er meldet nach Rom, er habe hier ein Bistum errichtet.

1181 Auf dem Reichstag von Erfurt unterwirft sich Heinrich der Löwe, Herzog von Bayern und Sachsen, dem Kaiser Friedrich I. (Barbarossa). Damit endet der seit Jahrzehnten währende Machtkampf zwischen den Welfen und den Staufern. Heinrich verliert seine Herzogtümer und muss ins Exil.

1184 Bei einem Hoftag in Erfurt will der deutsche König einen Streit zwischen dem Mainzer Erzbischof und dem Thüringer Landgrafen schlichten. Unter der Last von etwa 100 Versammelten bricht der hölzerne Fußboden ein, Dutzende stürzen ins Erdgeschoss, wo ebenfalls der Boden nachgibt. Darunter befindet sich eine Jauchegrube. Etwa 60 Menschen kommen zu Tode. Das Ereignis geht als Latrinensturz in die Geschichte ein. Unklar ist, in welchem Gebäude dies passiert sein soll.

1349 Bei einem Pogrom kommen etwa 1000 Juden um. Wenig später macht die Stadt den Tätern den Prozess. 40 sogenannte Judenschläger werden aus Erfurt verbannt. Vermutlich fünf Rädelsführer richtet man hin.

1379 Der Gegenpapst Clemens VII. erteilt der Stadt Erfurt das Privileg zur Gründung einer Universität. Die Hierana, was so viel bedeutet wie „Universität an der Gera" ist damit die älteste in Deutschland. Die Eröffnung erfolgt jedoch erst 1392; da gab es mittlerweile bereits Unis in Köln und Heidelberg. 1816 wird die Hierana geschlossen.

Der Rektor der Erfurter Universität führte dieses Zepter.
Foto: Peter Riecke

1472 Ein Brand vernichtet beinahe die halbe Stadt.

1497 Gerhard van Wou gießt die Gloriosa für den Erfurter Dom. Sie ist weltweit die größte Glocke des Mittelalters.

1501 Martin Luther immatrikuliert sich an der Universität Erfurt. 1505 erlebt er das Blitzschlag-Abenteuer bei Stotternheim; kurz darauf tritt er ins Augustinerkloster ein. Erst 1511 verlässt Luther die Stadt wieder dauerhaft. Von Erfurt aus bricht er zu seiner legendären Rom-Reise auf.

Luther sah dieses Fenster im Augustinerkloster. Die Rose wurde später zu seinem Wappen.
Foto: Jens König

1518 Der Rechenmeister Adam Ries gibt in Erfurt das erste Rechenbuch in deutscher Sprache heraus. Es gilt als Geburtsurkunde des Mathematik-Unterrichts. Laut dem Vorwort der zweiten Auflage war Ries' Buch insbesondere für Kinder bestimmt. Der Titel des Bandes „Rechnung auff der linihen" steht für das Rechnen mit einem Rechenbrett. Bis heute hat sich die Redewendung gehalten: „Das macht nach Adam Ries …"

1631 Im Dreißigjährigen Krieg besetzen die Schweden die Stadt. König Gustav Adolf zieht in die Stadt ein. Als er ein Jahr später bei Lützen fällt, weilt zeitgleich seine Ehefrau in Erfurt. Die Stadt bleibt mit einer kurzen Unterbrechung bis 1650 von den Schweden besetzt.

Neben der Predigerkirche steht das Gustav-Adolf-Denkmal – inklusive dieser Plakette.
Foto: Sascha Fromm

1664 Der Mainzer Erzbischof unterwirft Erfurt militärisch.

1682 Eine Pestwelle erreicht Erfurt. Binnen eines Jahres sterben über 9000 Einwohner; die Stadt ist damit zur Hälfte entvölkert.

Ein zeitgenössischer Pesttaler erinnert an 9423 Opfer in Erfurt.
Foto: Peter Riecke

1756 Anlässlich der Hinrichtung dreier Räuber strömen vor den Stadtmauern etwa 20000 Gaffer zusammen. Ein Jesuitenpater verkündet vorm Schafott, er habe die drei Verurteilten, welche Protestanten waren, zu dem allein seligmachenden katholischen Glauben bekehrt. Die Massen revoltieren sofort. Der Stadtkommandant lässt vorsorglich alle Tore schließen.

1789 Friedrich Schiller und Charlotte von Lengenfeld verloben sich im Haus Dacheröden. Zwei Jahre später, bei einem weiteren Erfurt-Besuch, erkrankt der Dichter schwer. Der Katarrh weitet sich zur Lungenentzündung, die Schiller über Monate verschleppt. Sie gipfelt schließlich in einer chronischen Rippenfellentzündung. Er wird sich davon nie wieder erholen.

1802 Das Stadt- und Landgebiet von Erfurt fällt an Preußen.

1806 Die Preußen verlieren die Doppelschlacht von Jena und Auerstedt. Die Franzosen nehmen Erfurt kampflos ein. Die Stadt wird zu Napoleons Domäne erklärt.

1808 Napoleon lädt zum Fürstentreffen nach Erfurt. Der Zar, vier Könige, eine Königin, 28 Fürsten, elf Prinzen und eine Prinzessin finden sich ein. Auch Geistesfürsten und Geheimpolizisten geben sich die Ehre, Schauspieler und Taschendiebe. Für drei Wochen wird die Stadt zum Zentrum des gesellschaftlichen Lebens in Europa. Napoleon und der Zar führen Geheimverhandlungen zur Neuordnung des Kontinents.

2008 wurde der Fürstenkongress mit Hunderten Mitwirkenden aufwendig nachgestellt. Hier bewacht Napoleons Leib-Mameluck eine Plauderei mit Damen.
Foto: Marco Kneise

1813 Nach der verlorenen Völkerschlacht bei Leipzig soll Erfurt zum Bollwerk der Franzosen werden. Stadt und Zitadelle werden von den Preußen und ihren Verbündeten belagert. Nach einem Bombardement steht der damals noch bebaute Domplatz in Flammen. Anfang 1814 rücken die Franzosen ab.

1872 In der Fabrik von Christian Hagans wird erstmals eine Lokomotive hergestellt.

1873 Erfurt verliert per Gesetz den Festungsstatus. Das ist eine wichtige Voraussetzung dafür, dass sich die Stadt auch außerhalb der Mauern erweitern kann.

1898 Der Flutgraben geht in Betrieb. Die bisherige Wilde Gera kann somit verfüllt werden. Auf ihr entsteht eine Straße, der heutige Juri-Gagarin-Ring.

1906 Erfurt hat erstmals über 100.000 Einwohner.

1933 In der Feldstraße (Ilversgehofen) entsteht ein Konzentrationslager.

1945 Ein Luftangriff britischer Bomber trifft am 25. Februar das Augustinerkloster. 267 Menschen sterben im Luftschutzkeller. Inzwischen befindet sich in dem teilrestaurierten Keller ein Raum der Stille.

1961 Die Iga eröffnet, die Internationale Gartenbauausstellung. Sie entwickelt sich sehr schnell zu einem immer wieder gern besuchten Ausflugsziel. Aus der Iga wurde nach der deutschen Wiedervereinigung der Egapark.

Der Iga widmete die DDR immer wieder Briefmarken, wie hier 1972.

1970 Im Hotel „Erfurter Hof" findet ein deutsch-deutsches Gipfeltreffen statt. Der Vorsitzende des Ministerrates der DDR, Willi Stoph, empfängt Bundeskanzler Willy Brandt.

1991 Erfurt wird Landeshauptstadt von Thüringen.

1994 Die Universität wird neu gegründet. Damit ist die älteste Uni Deutschlands zugleich die jüngste.

1998 Bei Bauarbeiten nahe der Alten Synagoge gelangt Erfurts größte museale Kostbarkeit ans Tagelicht – der Erfurter Schatz. Zu ihm gehören 3141 Münzen, 14 Silberbarren, silbernes Geschirr und über 700 Schmuckstücke. Als herausragendes Einzelstück gilt ein jüdischer Hochzeitsring, der von einem Miniaturgebäude gekrönt ist. Ihn ziert die Inschrift „masel tow" (Viel Glück). Wahrscheinlich hatten Juden den Schatz während des Pogroms von 1349 vergraben.

Der Hochzeitsring ist das Prunkstück des Erfurter Schatzes.
Foto: Jens König

2002 Der 26. April wird zu Erfurts schwarzem Freitag. Ein ehemaliger Schüler dringt in das Gutenberg-Gymnasium ein. Er ermordet 12 Lehrer, zwei Schüler, einen Polizisten, eine Sekretärin und sich selbst. Die Stadt steht tagelang unter Schock; die Aufarbeitung dauert Jahre.

Was andere über Erfurt sagen

„Erfurt steht am besten Orte, ist eine Schmalzgrube."

Martin Luther

„Ein Ort heidnischer Bauern."

Bonifatius

„Wenn die Leute glauben, ich wäre noch in Weimar, dann bin ich schon in Erfurt."

Johann Wolfgang von Goethe

„Ich will Deutschland durch Pracht und Glanz in Erstaunen setzen."

Napoleon, über den Erfurter Fürstenkongress

„In keinem Gasthof bin ich so fröhlich bedient und so christlich behandelt worden."

Friedrich Schiller, über den „Schlehndorn" (heute steht hier das „Brettl")

Und das sage ich ...